Inmon · Client/Server-Anwendungen

William H. Inmon

Client/Server-Anwendungen

Planung und Entwicklung

Mit 96 Abbildungen

Springer-Verlag

Berlin Heidelberg New York
London Paris Tokyo
Hong Kong Barcelona
Budapest

William H. Inmon
64 North Ranch Road
Littleton, CO 80127, USA

Übersetzer:

Peter Dobrowolski
Ebersheimer Weg 27
W-6500 Mainz, Deutschland

Autorisierte Übersetzung der englischen Originalausgabe von 1991
Developing Client/Server Applications herausgegeben von
QED Information Sciences, Inc., Wellesley, Mass., USA. Alle Rechte vorbehalten.

ISBN-13:978-3-540-55691-6   e-ISBN-13:978-3-642-77651-9
DOI: 10.1007/978-3-642-77651-9

Die Deutsche Bibliothek – CIP Einheitsaufnahme
Inmon, William H.: Client-Server-Anwendungen: Planung und Entwicklung/ William H. Inmon. [Übers.:
Peter Dobrowolski]. – Berlin; Heidelberg; New York; London; Paris; Tokyo; Hong Kong; Barcelona;
Budapest: Springer, 1993   Einheitssacht.: Developing client server applications <dt.>
ISBN-13:978-3-540-55691-6

Die Wiedergabe von Gebrauchsnamen, Handelsnamen, Warenbezeichnungen usw. in diesem Werk
berechtigt auch ohne besondere Kennzeichnung nicht zu der Annahme, daß solche Namen im Sinne der
Warenzeichen- und Markenschutz-Gesetzgebung als frei zu betrachten wären und daher von jedermann
benutzt werden dürften.

Umschlaggestaltung: Konzept & Design, Ilvesheim
Satz: Reproduktionsfertige Vorlage von Peter Dobrowolski, Mainz

Gedruckt auf säurefreiem Papier – 33/3140-5 4 3 2 1 0

Inhaltsverzeichnis

Vorwort

Ein Arzt kann seine Fehler begraben, aber ein Architekt kann seinen Kunden nur empfehlen, Weinranken zu pflanzen.

Frank Lloyd Wright

Die Client/Server-Umgebung ist verlockend. Anders als in der Großrechner-Umgebung hat der Entwickler vollständige Kontrolle über die Entwicklung und die betrieblichen Aktivitäten, die in der Client/Server-Umgebung vor sich gehen. Außerdem sind die Kosten für Hardware, Software und Netzwerk relativ niedrig (im Vergleich mit anderen Formen der Verarbeitung), so daß sich eine leichtfertige Einstellung in der Client/Server-Umgebung breit macht. Da der Entwickler völlige Kontrolle über den Prozessor und die Kosten der Entwicklung und des Betriebes hat, ist es einfach, die Entwicklung völlig frei anzugehen. Systeme für die Client/Server-Umgebung werden häufig planlos aufgebaut. Eine derartige Einstellung gegenüber der Entwicklung ist offensichtlich gefährlich. Die Größe und der Umfang der Umgebung und die Gelegenheit, alle Aspekte des Betriebes zu kontrollieren, täuschen über das Durcheinander hinweg, das angerichtet werden kann. Einfach gesagt, erzeugen Entwickler, wenn sie sich nicht an einer sauberen Architektur orientieren, in einer autonomen Umgebung wie die Client/Server-Welt nichts als Chaos. Je weiter die Umgebung wächst, desto chaotischer wird sie. Genauso, wie die Entwicklung in der Großrechner-Umgebung durch eine Reihe von Richtlinien und Prinzipien strukturiert wird, unterliegt auch die Client/Server-Umgebung bestimmten Regeln. Zumindest *sollte* die Client/Server-Umgebung entsprechend zugrundeliegender Konzepte gesteuert werden.

Dieses Buch befaßt sich mit den Grundlagen, welche die Client/Server-Umgebung formen – welche es sind, wie sie implementiert werden und was passiert, wenn sie mißachtet werden. Zusammengenommen bilden diese Prinzipien eine Architektur, die sich auf sämtliche Client/Server-Umgebungen anwenden läßt. Es wird kein spezielles Verfahren beschrieben; stattdessen werden die Prinzipien behandelt sowie die sich daraus ergebende Architektur, die auf alle Verfahren zutrifft, welche die Client/Server-Verarbeitung unterstützen.

Zweck dieses Buches ist es, den Leser mit anwendbaren Lösungen auszurüsten. Es wird sehr wenig Theorie dargestellt. Am Ende dieses

Buches ist der Leser bzw. die Leserin in der Lage, sehr solide, äußerst stabile Client/Server-Anwendungen aufzubauen. Folgende Themen werden u.a. behandelt:

* Leistung in der Client/Server-Umgebung,
* Kontrolle der Aktualisierung / „Eignerschaft" – „Verwaltung" von Client/Server-Daten,
* Unterschied zwischen Betriebs- und DSS-Verarbeitung in der Client/Server-Umgebung.
* einzelanwendungsbezogene Entwicklung oder Integration,
* Metadaten innerhalb der Client/Server-Umgebung,
* „anforderungsgesteuerte Entwicklung" oder „datengesteuerte Entwicklung" in der Client/Server-Umgebung,
* Datenspeicher und DSS-Verarbeitung in der Client/Server-Umgebung.

Dieses Buch ist für Entwickler, Programmierer, Manager, Datenbankverwalter und Datenadministratoren bestimmt. Für Informatikstudenten sollte das Buch ebenfalls von Interesse sein.

Der Autor möchte folgenden Personen seinen Dank für die Unterstützung dieses Projektes aussprechen:

Mark Gordon, Knowledgeware
Cheryl Estep, Chevron
Gary Noble, EPNG
Bill Pomeroy, AMS
Patti Mann, AMS
Claudia Imhoff, GE Consulting
John Zachman, IBM
Sue Osterfelt, Storagetek

Außerdem danke ich Melba Novak für ihre Arbeit hinter den Kulissen.

WHI

1 Architektur in der Client/Server-Umgebung

> Plane alles so, daß es zu seinem nächst größeren Um-
> feld paßt – ein Stuhl zu einem Zimmer, ein Zimmer zu ei-
> nem Haus, ein Haus zu einem Vorort, ein Vorort zur
> Stadtplanung.
>
> Eero Saarinen

Ein Arbeiter versteht unter Architektur, daß er die Straße nicht wieder aufreißen muß, wenn die Stromkabel verlegt werden. Bei richtiger Planung werden erst die Stromkabel verlegt, und dann wird die Straße gebaut. Für alle größeren Anforderungen gerüstet zu sein und dann die Struktur in einer solchen Reihenfolge aufzubauen, daß die Teile reibungslos zusammenpassen, ist eine brauchbare Arbeitsdefinition der Architektur.

Architektur in der Client/Server-Welt versteht man am besten anhand eines negativen Beispiels, bei dem die Dinge nicht störungsfrei aufgebaut werden. Stellen Sie sich folgenden Ereignisablauf vor, der in der Client/Server-Umgebung durchaus möglich ist:

1. Es wird ein kleines Programm geschrieben, das eine „Vor-Ort"-Autoteile-Datenbank in einem Knoten der Client/Server-Umgebung warten soll.
2. Die Datenbank wird so überarbeitet, daß sie neben den inländischen auch ausländische Autoteile aufnehmen kann.
3. Der Code wird überarbeitet, so daß Aktualisieren und Laden der Datenbank sowie Zugriff auf die Datenbank möglich wird.
4. Die Daten werden erweitert, um den Fluß von Teilen – Transaktionen – zu veranschaulichen und lokal vorhandene Teile anzuzeigen.
5. Code und Daten werden erneut geändert, um über den Server eintreffende Anforderungen eines Clients bedienen zu können.

6. Um festzulegen, wer Daten ändern darf, wird Code hinzugefügt, und die Daten werden geändert, um die Möglichkeit einer „Aktualisierungskontrolle" zu implementieren.

Nach einigen Änderungsschritten an Code und Daten entwickelt sich das System zu einem verwirrenden Durcheinander. Dadurch, daß der Entwickler die Erfordernisse nicht rechtzeitig erkannte – er hat die Meinung vertreten, das System sei einfach, und die Komplexität schrittweise erhöht – hat er einen Alptraum für Wartung und Betrieb erzeugt. Aus der Tatsache, daß Client/Server-Systeme kleiner als ihre Großrechner-Vettern sind, kann man nicht schließen, daß sie einfacher zu warten sind. In mancher Hinsicht sind Client/Server-Systeme sogar komplexer als Großrechner. In einer Großrechnerumgebung werden, trotz ihrer Komplexität, bestimmte Grundleistungen automatisch erbracht, die in einer Client/Server-Umgebung individuell durchgeführt werden müssen. Aus diesen Gründen ist es also sehr wichtig, Client/Server-Verarbeitung und -Entwicklung gut geplant in Angriff zu nehmen. Welche Faktoren beeinflussen nun eine Client/Server-Architektur?

1. Technologie
    * die Prozessoren im Netzwerk
    * Daten im Netzwerk
    * das Netzwerk selbst
    * System- und Anwendungs-Programme
2. Kosten
3. Einsatzgebiet
    * Decision Support System (DSS – „Entscheidungsunterstützungssystem") und Betriebsdatenverarbeitung
4. Autonomie gegenüber Integration

Client/Server-Verarbeitung – Die Grundlagen

In ihrer einfachsten Form kann die Client/Server-Architektur wie in Abb 1.1 dargestellt werden.

In Abb. 1.1 verbindet ein Netzwerk zwei PCs oder Workstations (im Netzwerk „Knoten" genannt). In Wirklichkeit sind noch weitere PCs oder Workstations mittels des Netzwerks verbunden, obwohl sie in der

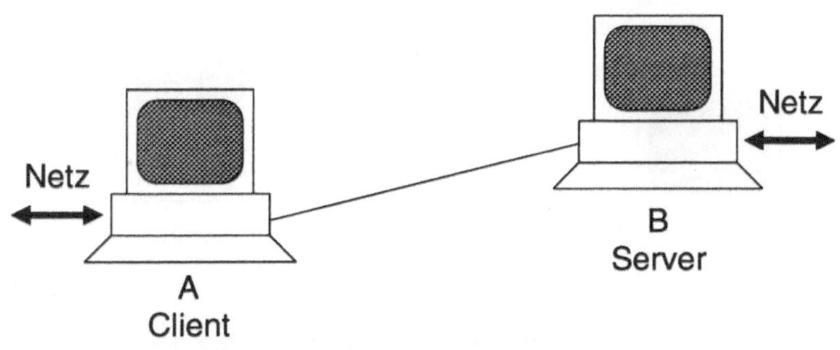

Abb. 1.1 Eine einfache Ansicht der Client/Server-Umgebung.

vereinfachten Darstellung in nicht wiedergegeben sind. Die beiden PCs in der Abbildung stehen in einer besonderen Beziehung zueinander. PC B enthält und verwaltet Daten, auf die PC A unter der Kontrolle von PC B zugreifen kann. PC A nennt man den „Client" und PC B den „Server". Mit anderen Worten: PC B dient den Bedürfnissen von PC A. Diese einfache Konfiguration täuscht über die Kompliziertheit der Anwen-

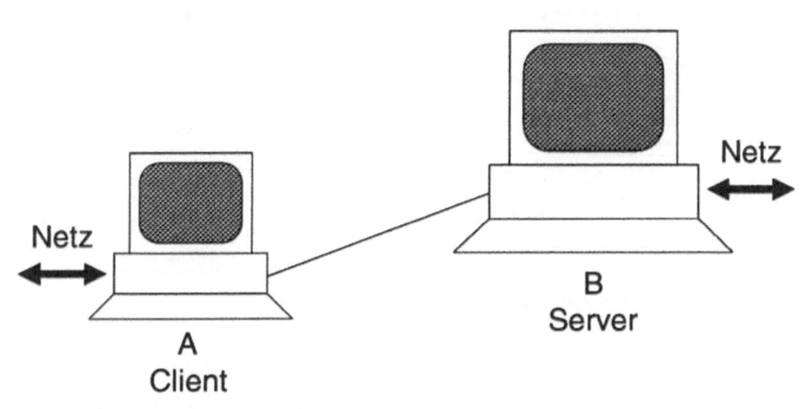

Abb.1.2 Die verschiedenen Knoten des Netzes können aus unterschiedlichen Prozessoren, wie PCs oder Workstations, bestehen.

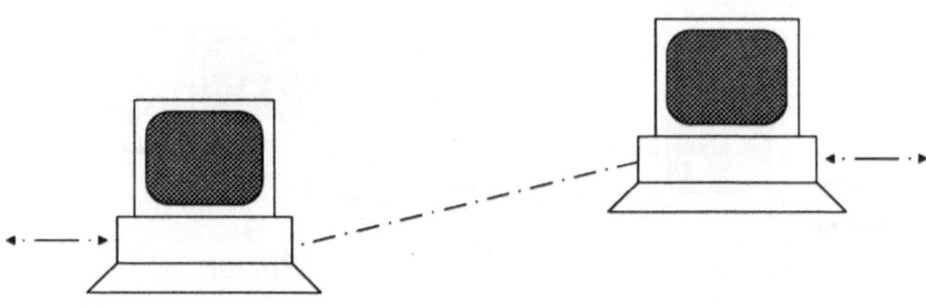

Abb. 1.3 Nicht nur die Technik an den Knoten kann sich unterscheiden; der Technik können auch unterschiedliche Technologien zugrundeliegen.

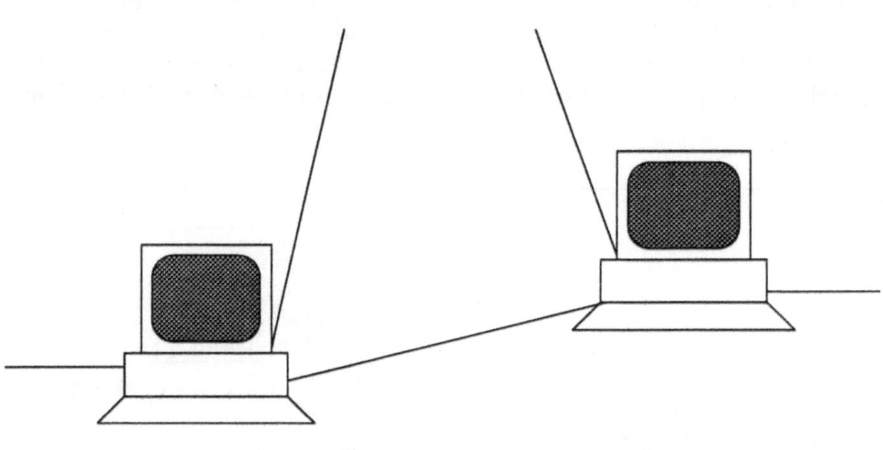

Abb. 1.4 Mehrfach verknüpfte Knoten an verschiedenen Netzen.

dungen hinweg, die in einer Client/Server-Architektur aufgebaut werden. Allein vom technischen Standpunkt her gibt es viele Varianten der einfachen, in Abb. 1.1 dargestellten Architektur. Zum Beispiel enthält Abb. 1.2 einen PC und eine größere Workstation, die miteinander verbunden sind.

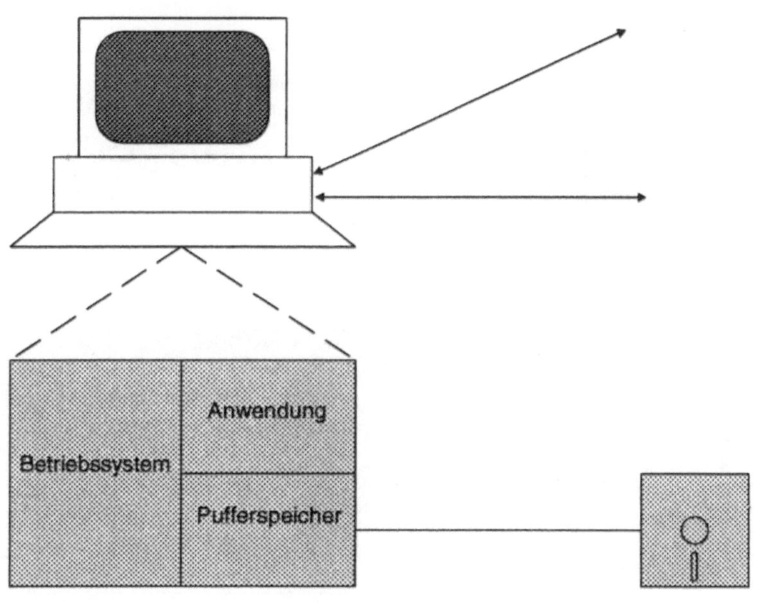

Abb. 1.5 Die Komponenten jedes Knotens im Netz.

Unterschiedliche Verarbeitungsstärke zwischen den Knoten ist nicht die einzige Variable; eine andere ist das Netzwerk selbst. Abb. 1.3 zeigt eine nicht permanente Verbindung zwischen zwei Knoten im Netzwerk.

Ein Netzwerk kann auch, wie in Abb. 1.4 dargestellt, mit einem anderen Netzwerk verbunden sein.

Es gibt also viele Möglichkeiten in der Anordnung von Knoten und Netzen in der Client/Server-Umgebung. Die wichtigsten Fragen der Client/Server-Architektur drehen sich jedoch nicht um die physische Konfiguration der Knoten und des Netzwerks. Stattdessen konzentrieren sich die Hauptfragen der Client/Server-Architektur auf die Verarbeitung, die innerhalb des Netzwerks geschieht, und die Daten, die im Netzwerk gespeichert werden und durch das Netzwerk selbst fließen. Die Beschäftigung mit der Technik, aus der sich eine Client/Server-Umgebung zusammensetzt, ist eine interessante Angelegenheit. Sicherlich muß der Entwickler ein fundiertes Wissen der Technik besitzen, auf

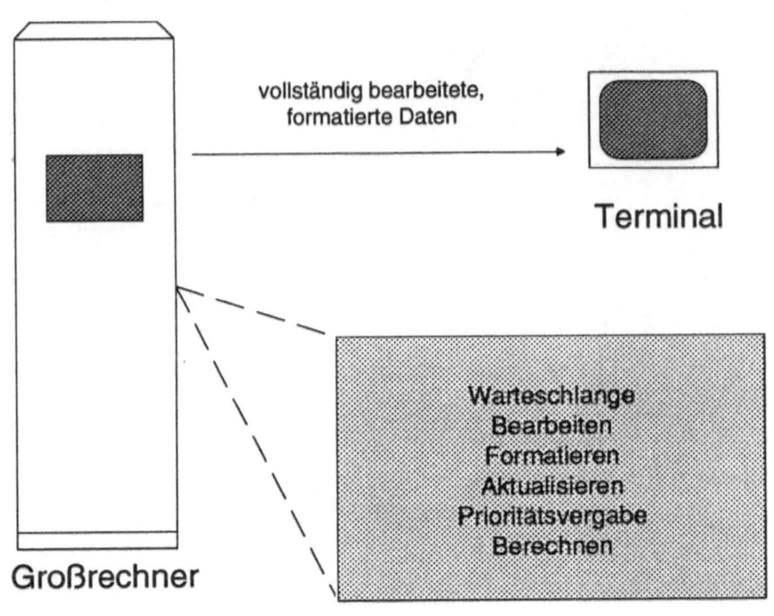

Abb. 1.6 Klassische, zentralisierte Architektur.

der die Client/Server-Umgebung laufen soll. Der Hauptblick des Entwicklers sollte sich jedoch nicht auf die Technik, sondern auf die zu entwickelnden Anwendungen richten.

Eine einfache Gliederung in die wichtigen Komponenten, die in jedem Knoten des Netzwerks vorhanden sind, wird in Abb. 1.5 wiedergegeben. Sie zeigt, daß jeder Knoten ein Betriebssystem, Anwendungsprogramme, interne und externe Daten enthält. Die externen Daten können auf einer Vielzahl von Speichermedien stehen, wie Band, Diskette usw. (Das Symbol für Disketten wird zur Darstellung aller externen Speichermedien für Daten benutzt.) Jeder Knoten ist mit anderen Knoten über das Netzwerk verbunden. Einige Knoten enthalten leistungsfähigere Komponenten als andere. Aber alle Knoten besitzen diese allgemeinen Eigenschaften.

Eine der interessantesten Fragen ist: wie unterscheidet sich die Client/Server-Architektur von der klassischen, zentralisierten Großrechnerarchitektur? Schließlich bestand die zentralisierte Großrechnerarchitektur schon lange, bevor es Client/Server-Verarbeitung gab. Abb. 1.6 zeigt eine klassische, zentralisierte Großrechnerarchitektur aus der Sicht eines empfangenden Terminals. Im Terminal wird nur ein äußerstes Minimum an Arbeit verrichtet. Die Darstellung vorfabrizierter, vorformatierter Daten ist so ziemlich alles, was bei einer zentralisierten Großrechnerarchitektur im Terminal geschieht.

Vergleichen Sie Abb. 1.6 mit der in Abb. 1.7 dargestellten Client/Server-Architektur.

In Abb. 1.7 werden Rohdaten einem Knoten übergeben. Wenn sie am Knoten angekommen sind, durchlaufen die Rohdaten eine Reihe von Transformationen, bevor sie dargestellt werden. Die Rohdaten können analysiert und mit anderen Daten im Knoten verbunden werden. Vor der Darstellung können die Rohdaten auf vielfältige Weise formatiert werden. Der bloße Empfang von Daten in einem Terminal ist jedoch nicht das einzige, was mit Daten am Client-Knoten geschehen kann. Abb. 1.8 zeigt, daß an einem Knoten in der Client/Server-Architektur eingegangene Daten anders als Daten in der Großrechnerumgebung auf beliebige Weise neu berechnet, neu formatiert, neu analysiert und mit anderen Daten verbunden werden können, ohne notwendigerweise zum Server zurückzukehren.

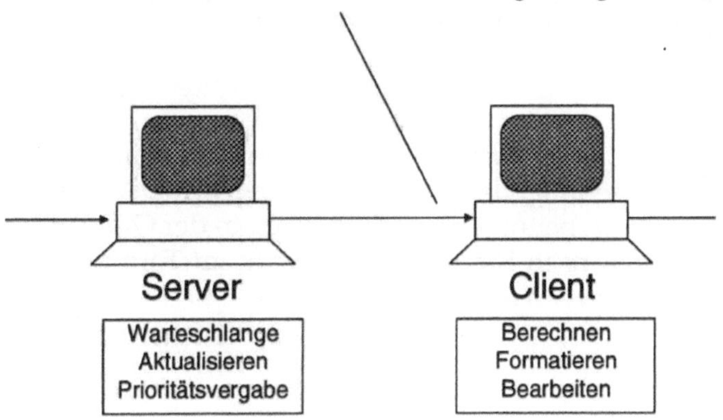

Abb. 1.7 Die Rohdaten werden vom Server an den Client übergeben. Die Hauptverarbeitung geschieht im Client-Prozessor.

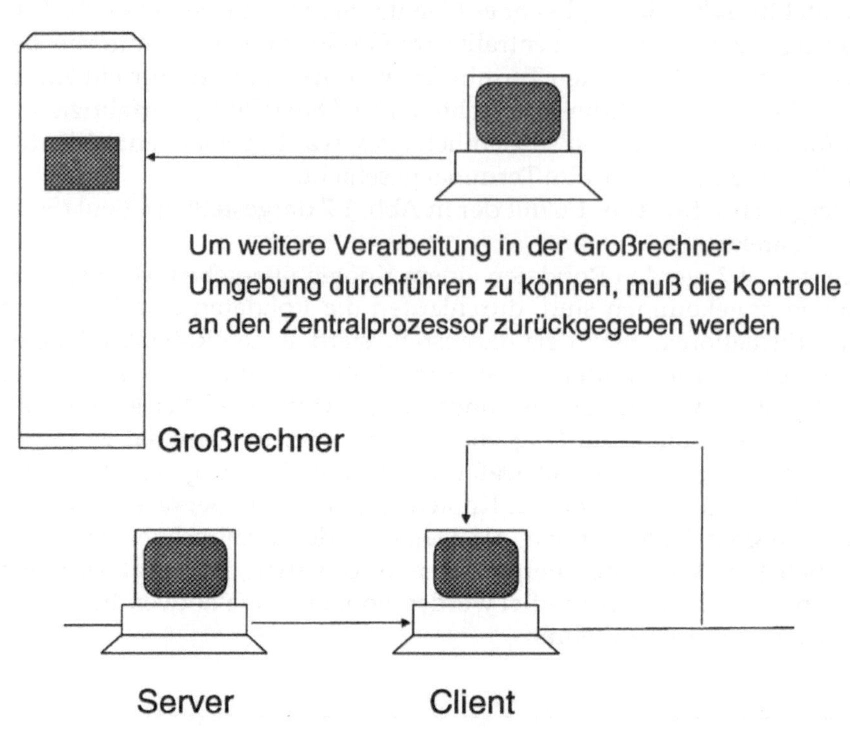

Abb. 1.8 Wenn die Daten beim Client eingetroffen sind, können sie wiederholt verarbeitet werden, ohne zum Server zurückkehren zu müssen.

Bei einer Client/Server-Umgebung spricht man von einer „intelligenten" Umgebung, da nach Anlieferung von Daten im Client-Knoten einiges an Verarbeitung geschehen kann. In der Großrechnerumgebung kann dagegen nach Eintreffen der Daten im Terminal nur sehr wenig Verarbeitung, wenn überhaupt, erfolgen.

Kosten

Ein zweiter prägender Faktor der Client/Server-Architektur sind die
Kosten. Die gesamte Kostenskala der Client/Server-Verarbeitung liegt
niedriger als die entsprechenden Kosten, die mit Großrechnern verbunden sind. Die Unterschiede in den Kosten zeigen sich bei

- Prozessorkosten
- Netzwerkkosten
- Entwicklungskosten
- Betriebskosten
- Systemsoftwarekosten und
- Wartungskosten.

Nur die letztgenannten dieser Kosten – die Wartung – können gleich
sein. Der Grund, warum auch Client/Server-Wartungskosten u.U. geringer als die Wartungskosten bei ihren größeren Brüdern sein können,
liegt daran, daß Client/Server-Anwendungen gewöhnlich kleiner und
einfacher sind. Wenn man jedoch Client/Server-Anwendungen nicht
gut geplant in Angriff nimmt, kann ihre Pflege ebenso mühsam werden
wie die Pflege jeder anderen Anwendung in jeder beliebigen Umgebung.

Einsatz der Anwendung

Der dritte wichtige Punkt beim Aufbau der Client/Server-Welt ist die
Art und Weise, in der Client/Server-Anwendungen entwickelt, und
wie sie dann eingesetzt werden. Der Einsatz der Client/Server-Verar-
beitung kann entweder als Betriebsdatenverarbeitungs- oder als DSS-
Einsatz klassifiziert werden. Dieser Unterschied beim Einsatz ist vielleicht nicht nur der grundlegendste Faktor bei der
Anwendungsentwicklung, sondern auch der am häufigsten mißver-
standene und nicht beachtete Faktor, den es gibt.

Betriebsdatenverarbeitung

Unter Betriebsdatenverarbeitung versteht man die Verarbeitung, welche die täglich anfallenden Einzelentscheidungen betrifft. Welchen Versicherungsschutz hat ein Versicherter? Welche Zahlung ging zuletzt auf einem Konto ein? Wie hoch ist der Saldo eines Darlehens? Wann hat die Gesellschaft den letzten Anspruch gegen eine Police gestellt? usw. Einige der hervorstechenden Merkmale der Betriebsdatenverarbeitung sind:

- Betriebsdatenverarbeitung arbeitet mit aktuellen Daten, das sind Daten, die genau in dem Augenblick gültig und aktuell sind, in dem sie benutzt werden.
- Bei Entwicklungen für Betriebsdatenverarbeitung wird klassisch jeweils eine Anwendung separat behandelt.
- Die Betriebsdatenverarbeitung ist bedarfsorientiert. Dies bedeutet, daß eine Reihe von Anforderungen von vornherein festgelegt und dann wiederholt abgearbeitet werden.
- Betriebsdatenverarbeitung bearbeitet Daten einzeln Satz für Satz.
- Die Betriebsdatenverarbeitung basiert auf archivierten Daten von relativ geringem Umfang, auf die allerdings recht häufig zugegriffen wird.
- Die Frage der Eigentumsrechte an Daten – wer darf die Daten aktualisieren – ist für die Betriebsumgebung von Bedeutung.

DSS-Verarbeitung

Die DSS-Verarbeitung – also das System zur Entscheidungsunterstützung ist diametral verschieden von der Betriebsdatenverarbeitung. DSS-Verarbeitung wird eingesetzt, um die Managementebene, nicht die normale Büroarbeit zu unterstützen. Die DSS-Verarbeitung besitzt folgende Merkmale:

- DSS-Verarbeitung verwendet archivierte Daten. Wenn archivierte Daten richtig aufgezeichnet wurden, können sie nicht mehr verändert werden. Archivierte Daten unterscheiden sich damit grundsätzlich von aktuellen Daten, die natürlich fortgeschrieben werden können.
- DSS-Verarbeitung erfolgt mit integrierten Daten, im Gegensatz zu Daten, die von jeweils einer Anwendung bearbeitet werden.

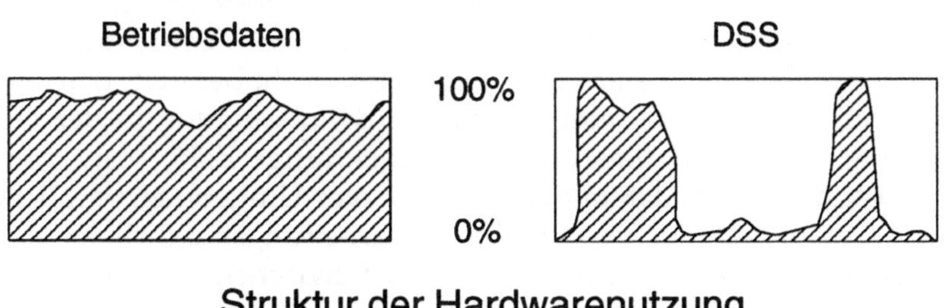

Struktur der Hardwarenutzung

Abb. 1.9 Betriebsdaten- und DSS-Verarbeitung zeigen völlig verschiedene Strukturen der Hardwarenutzung.

- DSS-Verarbeitung ist im wesentlichen datenorientiert.
- DSS-Verarbeitung beschäftigt sich mit Daten ganzheitlich und kümmert sich nicht um Einzelheiten.
- DSS-Verarbeitung basiert auf archivierter Information, wobei die Zugriffswahrscheinlichkeit für einzelne Daten relativ gering ist.
- Da DSS-Daten, wenn sie einmal geschrieben sind, nicht aktualisiert werden können, stellt sich auch nicht die Frage, wer DSS-Daten aktualisieren darf.

Es gibt also sehr klare Unterschiede zwischen Betriebsdaten- und DSS-Verarbeitung. Für einen Erfolg in der Client/Server-Umgebung ist es entscheidend, daß der Unterschied zwischen Betriebsdaten- und DSS-Verarbeitung verstanden wird. Versteht der Entwickler diesen Unterschied nicht (oder sogar noch schlimmer, wenn er sich der Fragestellung nicht bewußt ist), kann das Ergebnis eine äußerst unausgewogene Client/Server-Umgebung sein. Aber der vielleicht tiefgreifendste Unterschied zwischen Betriebsdaten- und DSS-Verarbeitung in der Client/Server-Umgebung liegt darin, wie die Hardware-Mittel eingesetzt werden. Betriebsdaten- und DSS-Verarbeitung zeigen eine völlig unterschiedliche Struktur der Hardwarenutzung.

Abb. 1.9 zeigt, daß Hardware in der Betriebsdatenverarbeitungsumgebung gleichmäßig – mit Spitzen und Tälern – benutzt wird. Am Ende des Tages kann man, bei Betriebsdatenverarbeitungseinsatz der Daten, die durchschnittliche Hardwarenutzung berechnen und erhält eine sinnvolle Zahl.

Die Struktur der Hardwarenutzung bei DSS-Verarbeitung ist völlig anders. Sie stellt ein binäres Muster dar. Bei der DSS-Verarbeitung wird die Hardware entweder stark oder überhaupt nicht benutzt. Berechnet man ein arithmetisches Mittel für die Hardwarenutzung in der DSS-Umgebung, erhält man eine wenig aussagekräftige Zahl. Man könnte den Einwand erheben, daß in der Client/Server-Umgebung, verglichen mit der Gesamtheit der verfügbaren Verarbeitungsmöglichkeiten, so wenig verarbeitet wird, daß der Unterschied zwischen der Hardwarenutzung in der Betriebsdatenverarbeitungs- und der DSS-Umgebung vernachlässigbar ist. Es stimmt zwar, daß sich der Unterschied in der Hardwarenutzung bei der Betriebsdaten- und der DSS-Verarbeitung nicht zeigt, wenn Sie nur ein sehr wenig Verarbeitung durchführen und 10 % oder weniger Ihrer Gesamtkapazität im Client/Server-Netzwerk benutzen. Aber eine derart geringe Auslastungsquote für die Client/Server-Umgebung ist normalerweise ökonomisch nicht zu rechtfertigen. Eine ernsthafte Betriebsdatenverarbeitungsanwendung in der Client/Server-Umgebung wird normalerweise so viele Betriebsmittel benutzen, daß die grundsätzlichen Auslastungsstrukturen für die Client/Server-Umgebung zu einem äußerst wichtigen Thema werden. Wenn die Hardwarenutzung steigt, wird der Unterschied zwischen der Betriebsdatenverarbeitungs- und der DSS-Nutzung deutlich.

Unterschiede in der Client/Server-Umgebung zwischen DSS- und Betriebsdatenverarbeitung

Die Unterschiede zwischen der Betriebsdaten- und der DSS-Verarbeitung haben eine entscheidende Auswirkung auf die Art und Weise, wie Anwendungen in der Client/Server-Umgebung aufgebaut werden sollten. Zweifellos sollte es eine Trennung – logisch und physisch – zwischen Betriebsdaten- und DSS-Verarbeitung geben. Vermischen der beiden Verarbeitungsarten führt angesichts eines enormen Verarbeitungsumfangs zu

* Wartungsengpässen,
* Leistungsengpässen und
* Kompliziertheit

Kurz gesagt: die wichtigen Faktoren, welche die Client/Server-Umgebung in erster Linie attraktiv machen, werden von einem unachtsamen Entwickler zunichte gemacht, der Betriebsdaten- und DSS-Verarbeitung gedankenlos vermischt.

Autonomie oder Integration?

Ein letzter wichtiger Gestaltungsfaktor, der die Client/Server-Umgebung beeinflußt, ist die Entscheidung zwischen autonomer und integrierter Unternehmensverarbeitung. Einer der großen Anreize der Client/Server-Umgebung liegt in der Verarbeitungsautonomie, welche die Unabhängigkeit an jedem Knoten bietet. Auf jeden Fall muß an jedem Knoten ein gewisser Freiheitsgrad herrschen. Es gibt jedoch eine Notwendigkeit für globale Koordination bei Daten und in der Verarbeitung, wenn es sich bei den Daten und/oder der Verarbeitung um „unternehmensweite" Daten handelt, die zufällig in einem Knoten liegen, aber im gesamten Netzwerk benötigt werden. Nehmen Sie z.B. an, daß ein Knoten im Netzwerk dem Mathematiker einer Autoversicherung zur Verfügung steht. Um eigene Berechnungen vorzunehmen, benutzt er den Knoten ständig. Niemand kümmert sich darum, was der Mathematiker tut, soweit es Einzeluntersuchungen von Automobildaten betrifft. Wenn der Mathematiker jedoch beschließt, den Unternehmenstarif für Autoversicherungen einschließlich Deckungssummen, Laufzeit der Policen, Verlängerungsbedingungen usw. zu ändern, müssen die Tarife auf „unternehmensweite" Weise geändert werden, so daß alle im Netzwerk betroffenen Mitarbeiter von dieser Änderung erfahren. An jedem Knoten gibt es also sowohl private autonome Daten als auch öffentliche Unternehmensdaten. Unterscheidet man nicht zwischen diesen beiden Arten von Daten und vermischt sie einfach, kann dies zu einem Chaos führen.

	Knoten-autonom	Unternehmensweit
DSS		
Betriebsdaten		

Abb. 1.10 Die grundsätzliche Client/Server-Matrix, in der alle Anwendungen klassifiziert werden können. Die Merkmale einer Anwendung unterscheiden sich wesentlich von Quadrant zu Quadrant.

Eine Matrix zur Anwendungsklassifizierung

Man kann eine Matrix aufstellen, um, wie in Abb. 1.10 dargestellt, die verschiedenen Arten der Client/Server-Anwendungen zu klassifizieren.

Abb. 1.10 zeigt, daß man Client/Server-Anwendungen entwickeln kann, die in die Kategorien „DSS/Knoten-autonom", „Betriebsdaten/Knoten-autonom", „DSS/Unternehmensweit" und „Betriebsdaten/Unternehmensweit" fallen. Obwohl knotenautonome Anwendungen äußerst interessant sein können, liegt der Schwerpunkt dieses Buches bei den „unternehmensweiten" Client/Server-Anwendungen. Diese Anwendungen sind interessant, da hier das Unternehmen den größten Vorteil aus der Client/Server-Verarbeitung erzielt.

Zusammenfassung

In diesem Kapitel wurde die Bedeutung der Architektur umrissen. Ohne eine geplante Entwicklung der Client/Server-Umgebung werden ihre Vorteile verspielt. Die Faktoren, welche die Architektur der Client/Server-Umgebung beeinflussen, sind

- die Technologie, auf der die Client/Server-Systeme arbeiten sollen;
- die Kosten während der Entwicklung;
- die Art der Anwendungen, die aufgebaut werden, unter besonderer Berücksichtigung der Notwendigkeit, zwischen Betriebs- und DSS-Daten und deren Verarbeitung zu unterscheiden und
- die Notwendigkeit, zwischen knotenautonomer und „unternehmensweiter" Verarbeitung zu unterscheiden.

2 Die Client/Server-Umgebung – einige Kernpunkte

Die unüberwindlichste Schranke in der Natur besteht zwischen den Gedanken zweier Menschen.

William James

Es gibt verschiedene, große Anreize für die Client/Server-Umgebung: die Kosten des Systemaufbaus, die Systembetriebskosten und nicht zuletzt die Kontrolle und Autonomie, die sowohl dem Entwickler als auch dem Benutzer in der Client/Server-Umgebung gewährt werden.

Kosten

Einfach ausgedrückt, ist es billiger, Systeme in einer Client/Server-Umgebung zu entwickeln und zu betreiben, als in anderen Umgebungen.

Kontrolle

Da die Technologie, die man in der Client/Server-Umgebung vorfindet und die dort benutzt wird, in erster Linie PC- und Workstation-Technologie ist, gibt es eine Art der Kontrolle, die bei Großrechner-Hard- und -Software nicht vorhanden ist. Die Welt der Großrechner-Technologie ist so groß, so umfangreich und so kompliziert, daß ein Entwickler bestenfalls ein kleines Stück des Feldes kontrollieren kann. Der Entwickler in der Großrechner-Umgebung ist hilflos, wenn er zu viele Dinge selbst durchführen muß. Auch der *Benutzer* in der Großrechner-Umgebung fühlt sich verloren. Neben ihm gibt es viele andere Benutzer, jeder mit eigenen Aufgabengebieten, die alle verschieden sind. Die Entscheidungen in der Großrechner-Umgebung kommen durch das aufeinander Abstimmen verschiedener Meinungen zustande. Prioritätenvergabe für Verarbeitung, Konfigurierung und selbst die

Entscheidung darüber, welche System-Software benutzt werden soll, wird durch alle Benutzer mitbestimmt und basiert dabei oft auf Mehrheitsentscheidungen. Der Einfluß eines einzelnen Benutzers ist allerdings recht begrenzt.

Diese Problematik gibt es in der Client/Server-Umgebung nicht. Innerhalb vernünftiger Grenzen kann jeder Knoten so zugeschnitten werden, daß er für den Benutzer und nur für diesen Benutzer paßt. Seine ausdrücklichen individuellen Bedürfnisse formen jeden Knoten. Dieses Element der Individualität und Kontrolle macht die Client/Server-Umgebung so verlockend. Aber Kosten und Kontrolle sind nicht die einzigen Gesichtspunkte, die bei der Client/Server-Verarbeitung wesentlich sind.

Leistung

Leistung ist ein Thema der Client/Server-Umgebung, obwohl es eine etwas andere Form annimmt als in anderen Umfeldern. Leistung wird in dem Moment zu einem Problem, wenn die Client/Server-Anwendungen zunehmen und das Datenvolumen und der Verarbeitungsumfang spürbar werden. Leistung wird erstmals ein Thema, wenn das Netzwerk überlastet wird und/oder in dem Fall, wenn ein Knoten damit beschäftigt ist, eine Anforderung abzuarbeiten und eine andere Anfrage nicht bedienen kann. Es gibt andere Leistungsmesser, aber die genannten Erscheinungen sind gewöhnlich das erste Anzeichen von Schwierigkeiten.

Globale Koordination der Unternehmensverarbeitung

Eine zweite wichtige Angelegenheit der Client/Server-Verarbeitung ist die der globalen Koordination der Verarbeitung, d.h. der nicht-autonomen Verarbeitung. Je mehr Autonomie es bei der Verarbeitung gibt, desto stärker tritt das Problem der globalen Koordination hervor. Für „unternehmensweite" Client/Server-Anwendungen ist globale Koordination ein echtes Problem.

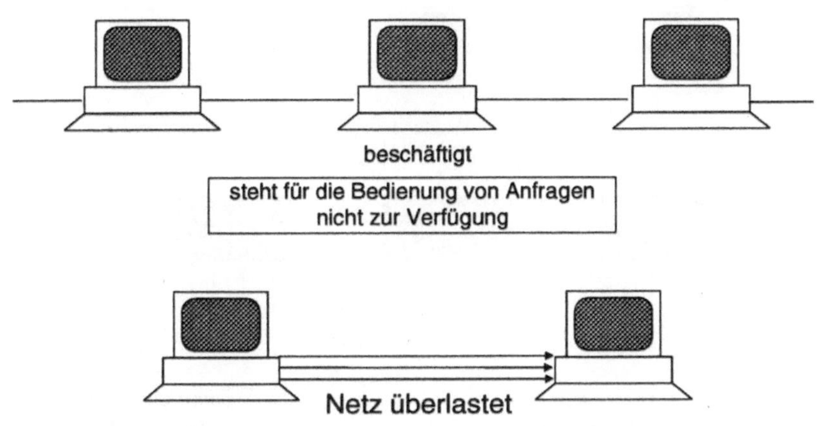

Abb. 2.1 Zwei Fälle schlechter Leistung in der Client/Server-Umgebung.

Eignerschaft von Daten

Hand in Hand mit dem Thema der globalen Koordination der Unternehmensverarbeitung geht das der Eignerschaft von Daten. Wer darf Daten aktualisieren? Wer ist für die Aktualisierung der Daten verantwortlich? Wer sollte Daten an seinem Knoten ständig vorhanden halten? Wer darf auf Daten zugreifen? Es gibt viele Facetten beim Thema „Eignerschaft".

Disziplin

Eine mögliche Einstellung zur Client/Server-Umgebung ist die, allen Knoten völlige Autonomie zu gewähren. Dies kann zur sofortigen Zufriedenstellung der Endbenutzerwünsche führen. Auf längere Zeit jedoch, wenn die Organisation sich weiterentwickelt, wird offensichtlich, daß eine derartige Einstellung die Erfordernisse der Organisation nicht erfüllt. Für diejenigen Aktivitäten und Daten, die im gesamten Unternehmen Anwendung finden und dort benutzt werden, reicht völlige Autonomie an jedem Knoten der Client/Server-Umgebung nicht aus.

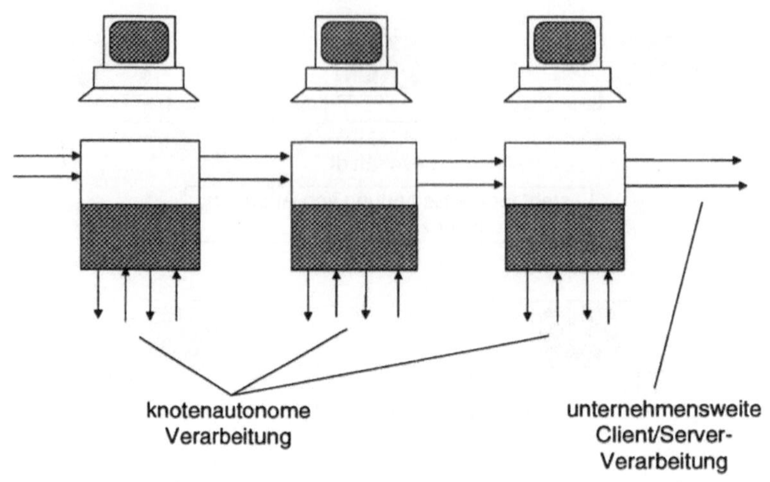

Abb. 2.2 Mischung verschiedener Verarbeitungsarten in den Knoten des Client/Server-Netzes.

Autonomie für unternehmensweite Daten und Verarbeitung beraubt das Unternehmen der Möglichkeit für

- Integration
- globale Koordination und
- Wirtschaftlichkeit der Entwicklung und Wartung

Aber wie erreicht ein Unternehmen Integration über verschiedene Knoten hinweg? Integration erreicht man durch Disziplin. Abb. 2.2 zeigt eine Mischung rein knotenautonomer und unternehmensweiter Verarbeitung.

Äußere Grenzen der Zweckmäßigkeit

Jede Umgebung hat ihre inhärenten Grenzen der Funktionalität und Verarbeitung, und die Client/Server-Umgebung ist keine Ausnahme. Ob sie nach Anzahl der Benutzer, der Menge der Daten, der Anzahl der laufenden Programme oder der Größe des Netzwerks gemessen wird, es gibt eine obere Grenze, ab der die Client/Server-Architektur trotz ihrer Attraktivität besser von einem anderen Verfahren bedient würde.

Die obere Grenze steigt jedes Jahr, so wie die Hardware-Verarbeitungskapazitäten wachsen und die Kosten des Prozessors und anderer Hardware fallen. Aber selbst mit diesem für die Client/Server-Umgebung günstigen Verlauf der Kosten/Nutzen-Kurve gibt es trotzdem eine obere Grenze, ab der die Client/Server-Architektur nicht länger effektiv ist. Der Entwickler muß ein gutes Gefühl dafür haben, wo genau diese Grenze liegt, und ob die entworfenen Prozesse und die geplanten Datenspeicher tatsächlich diese Grenzen überschreiten.

Globales Ablagesystem

Eine Grundlage der Client/Server-Anwendungen ist der Unterschied zwischen Betriebsdaten- und DSS-Verarbeitung und ihre Trennung. Eine weitere Grundlage ist der Unterschied zwischen „unternehmensweiter" und knotenautonomer Verarbeitung. Schließlich ist als weitere Grundlage der Begriff des „globalen Ablagesystems" zu nennen. Dem Ablagesystem liegt die Vorstellung zugrunde, daß es für alle Daten, die aktualisiert werden können, zu jedem Zeitpunkt nur einen einzigen Knoten geben darf, der für die Aktualisierung verantwortlich ist. Ein wesentlicher Teil jeder ernsthaften unternehmensweiten Client/Server-Anwendung ist die Definition des globalen Ablagesystems. In dem Augenblick, in dem zwei oder mehr Parteien „Kontrolle" – und zwar gleichzeitige Kontrolle – über dieselbe Datenmenge haben, besteht ein grundlegender Fehler im System. Um die Kontrolle und die Disziplin über die Knoten des Netzwerks zu bewahren, muß ein globales Ablagesystem definiert werden. Das Ablagesystem kann viele verschiedene Formen annehmen. Es ist nicht erforderlich, eine starre Definition oder eine starre Implementierung vorzunehmen. Abb. 2.3 zeigt verschiedene Möglichkeiten für Implementierungen des globalen Ablagesystems.

In dem einfachen in Abb. 2.3 dargestellten Fall kann nur ein einziger Knoten alle Policen aktualisieren. Andere Knoten können Zugriff auf eine Police anfordern, dürfen aber keinerlei Informationen ändern. Im zweiten Fall kann Knoten A Policen von Kunden mit den Anfangsbuch-

staben A bis M und Knoten B Policen von Kunden mit den Anfangs-
buchstaben N bis Z aktualisieren. Im dritten Fall aktualisiert Knoten A
alle Policen, außer wenn gelegentlich Knoten A eine Police an einen anderen Knoten „übergibt". Dann kann während einer bestimmten Zeit
der Knoten, dem die Police übergeben wurde, diese spezielle Police aktualisieren, jedoch kein anderer Knoten.

In allen drei dieser Fälle gibt es zu jedem Zeitpunkt nur einen einzigen „Eigner" oder „Manager" der Daten, was dem Prinzip des globalen
Ablagesystems entspricht. Es gibt viele Variationen für die drei in Abb.
2.3 dargestellten Beispiele, obwohl diese drei Möglichkeiten wahrscheinlich die einfachsten und üblichsten sind.

Auf jeden Fall gerät eine unternehmensweite Client/Server-Anwen-
dung in dem Augenblick in Schwierigkeiten, in dem das globale Ablagesystem nicht klar und genau definiert ist.

Aktuelle oder archivierte Daten

Das globale Ablagesystem ist vorzugsweise für aktuelle Daten anwendbar. Was sind aktuelle Daten? Einfach ausgedrückt sind aktuelle Daten
solche, die aktualisiert werden können. Aktuelle Daten sind Daten, die
zum Zeitpunkt des Zugriffs gültig sind. Betriebsdatenverarbeitungs-Sy-
steme stützen sich fast ausschließlich auf aktuelle Daten. Einige typische Betriebsdatenverarbeitungs-Einsätze aktueller Daten sind:

* Welche Telefonnummer hat der Kunde im Augenblick?
* Der Kunde möchte einen Scheck einlösen. Ist im Augenblick genü-
  gend Geld auf dem Kundenkonto?
* Der Kunde hat nicht genügend Geld auf seinem Konto. Hat er im Au-
  genblick ein gültiges Überziehungslimit?
* Der Kunde möchte eine Kreditkarte in Anspruch nehmen. Geht die
  Kreditkartenbelastung über das augenblickliche Limit des Kunden
  hinaus?

Mit anderen Worten: Aktuelle Daten repräsentieren derzeitige Mo-
mentaninformationen und können abhängig von System- und Umge-
bungszustand augenblicklich geändert oder aktualisiert werden.

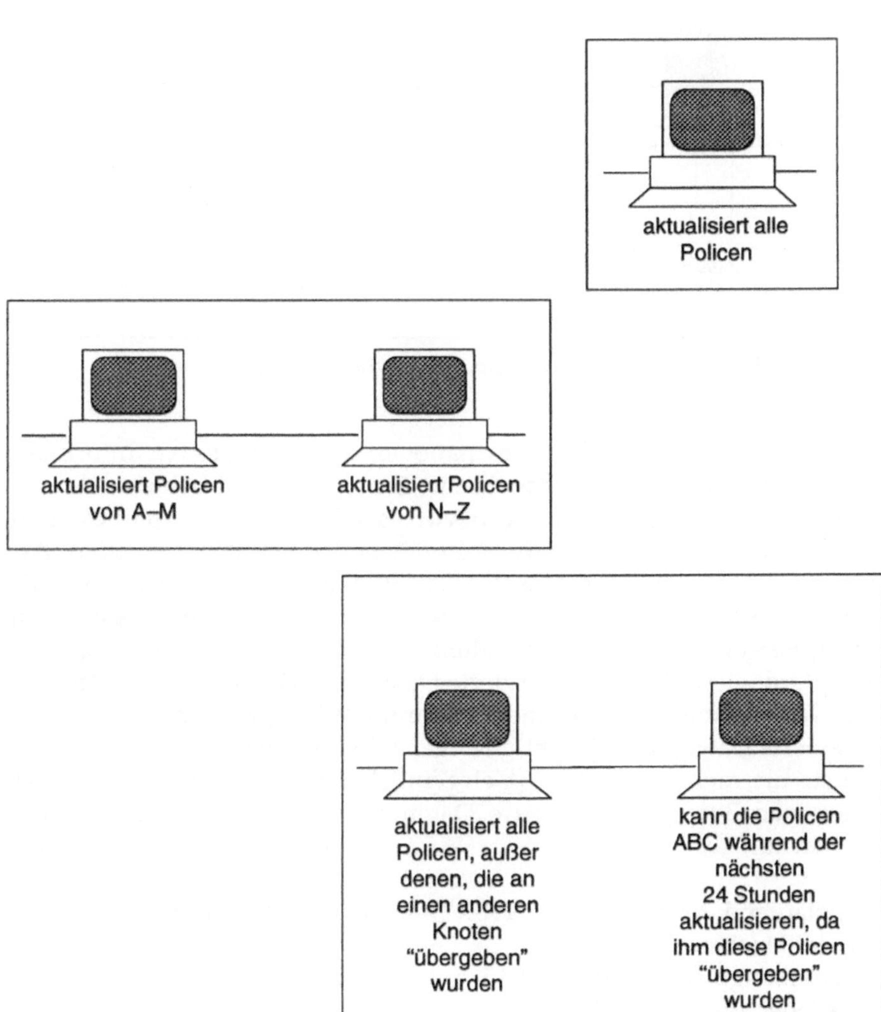

Abb. 2.3 Die Kontrolle der Aktualisierung und der Eignerschaft der Daten für unternehmensweite Verarbeitung ist in der Client/Server-Verarbeitung äußerst wichtig. Die Festlegung des "globalen Ablagesystems" oder der Knotenresidenz ist eine der wichtigsten Entwurfsaufgaben.

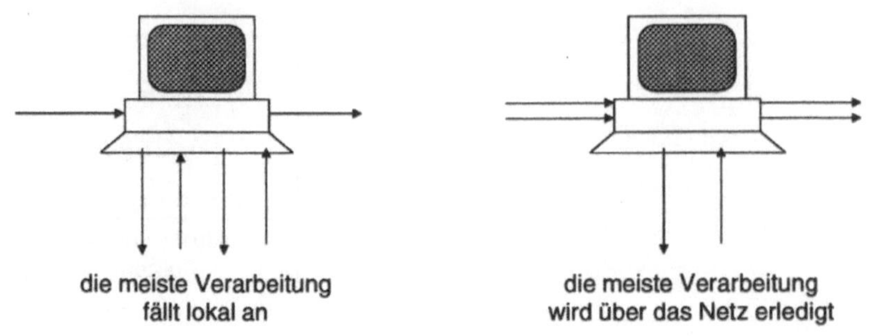

Abb. 2.4 Der Unterschied zwischen lokaler und unternehmensweiter Verarbeitung.

Vergleicht man aktuelle Informationen mit archivierten Informationen, so stellt man fest, daß während der gesamten Geschichte der Informationsbearbeitung – lange bevor es Client/Server-Architekturen gab – archivierte Daten als etwas Ergänzendes betrachtet wurden. Archivierte Daten waren zu Unrecht das Stiefkind, da sich viel wertvolle DSS-Analyse auf archivierte Daten stützt. Die Entwickler von Client/Server-Anwendungen sollten nicht den Fehler ihrer Großrechnervettern wiederholen. Archivierte Daten sind Daten, deren Gültigkeit und Genauigkeit sich auf einen bestimmten Zeitpunkt bezieht. Wenn archivierte Daten einmal richtig festgehalten und gespeichert sind, werden sie nie mehr verändert. (Gelegentlich wurden sie geändert – das nennt man Betrug.) Archivierte Daten treten im allgemeinen in drei Formen auf:

- Fortlaufend: Von Dezember 1989 März 1990 wohnte der Kunde Jones in der Hochstr. 123.
- Einzelereignisabhängig: Am 15. 5. 1991 wurde dem Kunden Jones ein Darlehen von 2.500 DM gewährt.
- Von periodischen Einzelereignissen abhängig: Jeden Monat berichtet die Kreditabteilung über den Kunden Jones.

Da archivierte Daten nicht aktualisiert werden können, findet das globale Ablagesystem keine Anwendung in der Weise, wie bei aktuellen Daten. Mit anderen Worten: Sowohl aus der Sicht technischer Infrastruktur als auch des Anwendungsentwurfs und der Entwicklung wer-

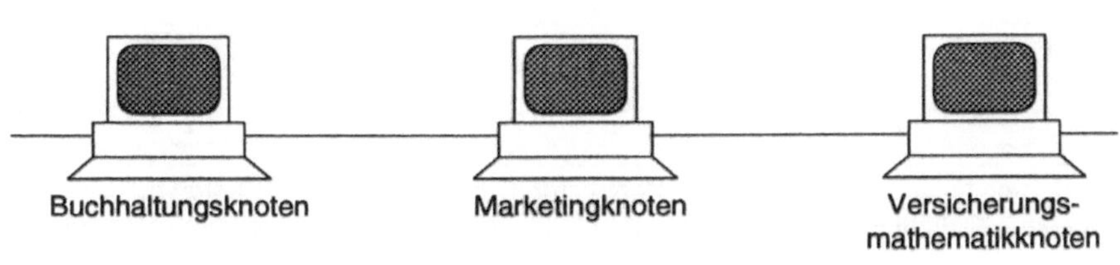

Abb. 2.5 Funktionelle Abgrenzung der Knotenresidenz.

den Daten und Verarbeitung bezüglich des globalen Ablagesystems
völlig verschieden gehandhabt, je nach dem, ob man es mit archivierten
oder mit aktuellen Daten zu tun hat. Dieses grundlegende Thema ist für
den Client/Server-Entwickler genauso wichtig wie für den Entwickler
in einer anderen Umgebung.

Knotenresidenz (Zuordnung von Daten zu Knoten)

Eine andere äußerst wichtige Entwicklungsfrage in der Client/Server-
Umgebung ist die Zuordnung der Daten auf die einzelnen Knoten und
die Wahrscheinlichkeit des Zugriffs auf die Daten. Die Zugriffswahrscheinlichkeit auf Daten ist der Hauptfaktor, der bestimmt, welche Daten an welchem Knoten abgelegt sind. Als Faustregel sollte jeder Knoten die Daten verarbeiten, die am bequemsten für ihn zu erreichen sind.
Je öfter sich Prozesse, die an einem Knoten ausgeführt werden, auf Daten stützen müssen, die an einem anderen Knoten liegen, umso ineffi-
zienter (und umso komplexer) wird die Verarbeitung. Abb. 2.4 veranschaulicht den Unterschied für das Netzwerk, der entsteht, wenn die
meiste Verarbeitung lokal am eigenen Knoten erledigt werden kann.
　　Links wird die meiste Verarbeitung lokal durchgeführt, und nur gelegentlich müssen Daten von einem anderen Server geholt werden.
Rechts dagegen wird das Netzwerk häufig durchlaufen. Minimiert man
das Durchlaufen des Netzwerks, ergeben sich zwei Vorteile:

Abb. 2.6 "Daten"- oder "Themen"-Abgrenzung der Knotenresidenz.

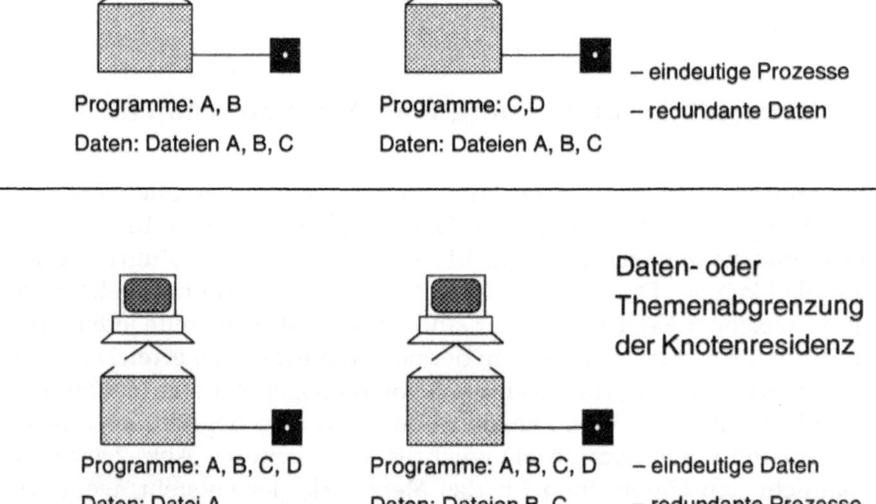

Abb. 2.7 Kompromiß zwischen funktioneller und Themenabgrenzung der Knotenresidenz.

- Es gibt wesentlich weniger Netzwerkverkehr.
- Der Server, der eine Anfrage hinausschickt, muß in einen „Warte-status" gehen, bis die Daten angekommen sind, die er benötigt. Be-

steht geringer Bedarf an Daten anderer Knoten, so befindet sich der verarbeitende Knoten selten in einem „Wartestatus".

Von den beiden Auswirkungen ist die zweite wesentlich wichtiger für die allgemeine Benutzerzufriedenheit.

Im Idealzustand sollte sehr wenig Datenaustausch im Netzwerk stattfinden. Abb. 2.5 zeigt eine funktionale Zuordnung der Daten zu den entsprechenden Knoten.

Hier ist ein Knoten zuständig für Buchhaltung, ein anderer für Marketing und ein dritter für Versicherungsmathematik. Eine solche Anordnung kann man „funktionale" Zuordnung der Knotenresidenz nennen. Aufgrund der zu bedienenden Funktion ist klar, welcher Knoten die Kontrolle übernimmt. Eine Schwierigkeit bei der in Abb. 2.5 dargestellten Konfiguration liegt darin, daß dieselben Daten höchstwahrscheinlich an mehr als einem Platz auftreten. Zum Beispiel würde dieselbe Information über den Kunden Jones auf verschiedenen Knoten des Netzwerks mehrfach vorkommen. Das verkompliziert die Dinge erheblich, selbst angesichts eines sorgfältig definierten globalen Ablagesystems. Aufgrund der in Abb. 2.5 dargestellten Knotenzuordnung ist die Zugriffswahrscheinlichkeit nicht klar.

Eine andere Strategie für die Bestimmung des Ablageortes von Daten wird in Abb. 2.6 veranschaulicht.

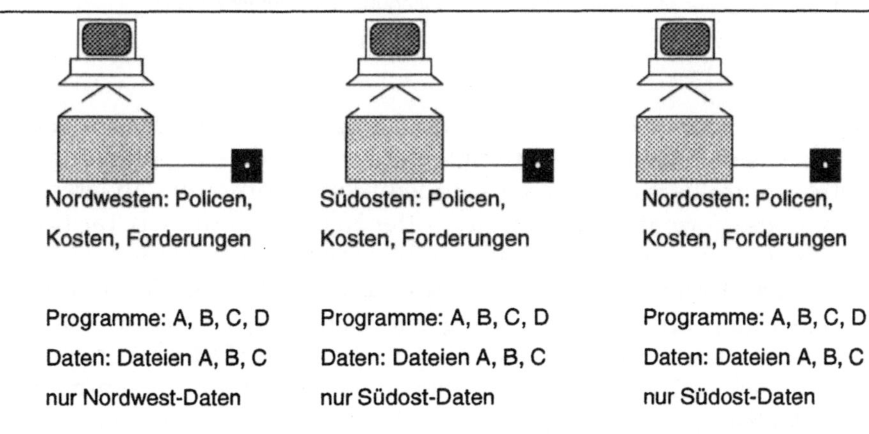

Abb. 2.8 Geographische Abgrenzung der Knotenresidenz.

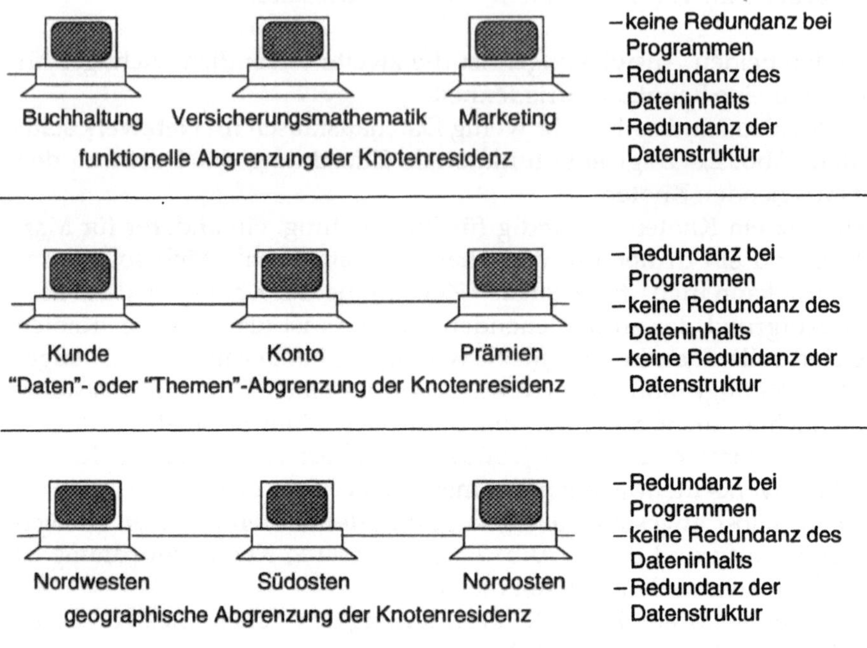

Abb. 2.9 Einige der Möglichkeiten bei der Festlegung der Knotenresidenz.

Sie zeigt, daß die Daten nach eindeutigen (und hoffentlich unterschiedlichen) Datenarten getrennt werden. Bei dieser Aufteilung der Daten kontrolliert ein Knoten Kundeninformationen, ein anderer Abrechnungsinformationen, und ein dritter Knoten kontrolliert Tarifinformationen. In dieser Konfiguration gibt es wenig sich überschneidende Daten. Der Unterschied zwischen Abb. 2.5 und 2.6 liegt darin, daß die Entscheidung über die Plazierung von Daten auf Knoten in Abb. 2.5 prozeßorientiert ist, sich in Abb. 2.6 dagegen an der Datenart orientiert.

Im ersten Fall gibt es wenig Überschneidung bei der Verarbeitung und viel bei den Daten. Im zweiten Fall gibt es nur geringe Überschneidung bei den Daten, jedoch möglicherweise starkes Überschneiden bei der Verarbeitung. Es ist jedoch bekannt, daß die funktionale Aufteilung, unabhängig von Vor- und Nachteilen, organisatorisch wesentlich

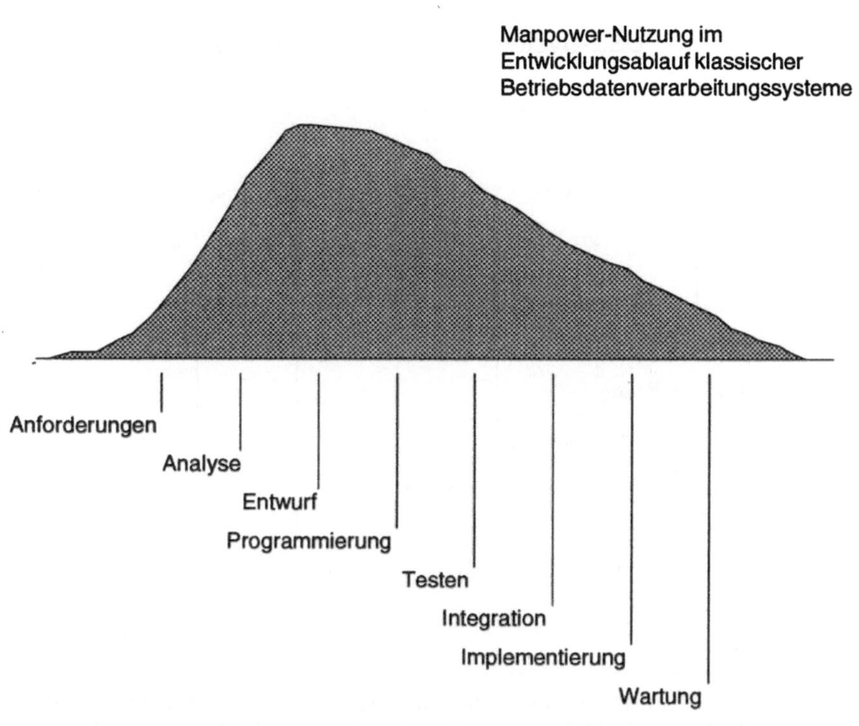

Abb. 2.10 Der klassische Systementwicklungsablauf (SDLC) mit den entsprechenden Manpoweranforderungen.

ansprechender ist. Abb. 2.7 stellt den Unterschied zwischen den beiden Strategien dar.

Wenn der Entwickler jeden Knoten prozeßorientiert auslegt, entsteht hohe Redundanz bei den Daten, viel gemeinsame Benutzung von Daten quer durch das Netzwerk und große Komplexität. Wenn der Entwickler dagegen die Entscheidung über das Verweilen an Knoten von den Daten abhängig macht, ergibt sich ein nur beschränktes Überschneiden von Daten, vereinfachte Verarbeitung usw. Es ist einfacher, ein Programm zu schreiben und dieses Programm an mehreren Knoten laufen zu lassen, als ein Programm zu schreiben, das nur an einem einzigen Knoten läuft, und Daten durch das Netzwerk zu schieben. So vorteilhaft diese Möglichkeit auch sein mag, sie wird selten wegen der or-

DSS-Systementwurfsentwicklungsablauf

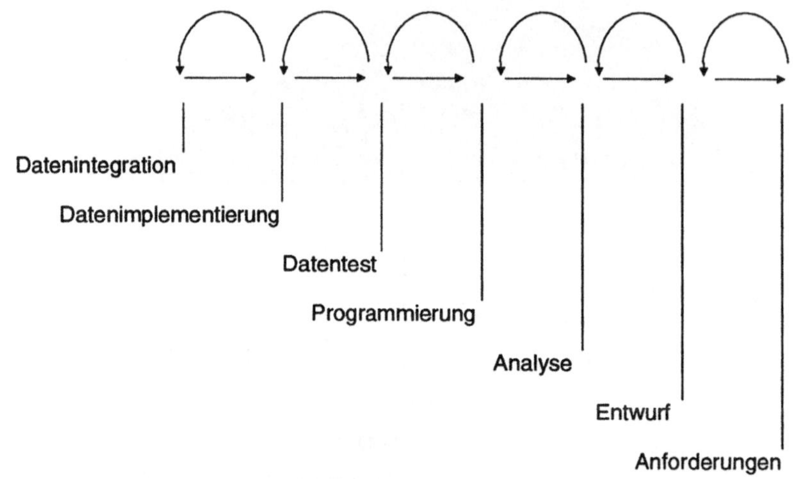

Abb. 2.11 Der Systementwicklungsablauf bei Entscheidungsunterstützungssystemen (DSS) – fast ein Spiegelbild der des klassischen SDLC. Zu beachten ist, daß DSS-Verarbeitung durchweg iterativ ist.

ganisationsorientierten Ausrichtung bei der Zuordnung von Daten zu Knoten gewählt.

Zu beachten ist, daß selbst dann, wenn die Knotenresidenz datenorientiert ausgelegt ist, immer noch eine bestimmte Datenredundanz besteht.

Eine weitere verbreitete Auslegung der Knotenresidenz von Daten ist in Abb. 2.8 wiedergegeben.

In Abb. 2.8 ist die Knotenresidenz durch geographische Grenzen bestimmt. Ein Knoten dient der Verarbeitung für den Nordwesten, ein anderer für den Südosten; ein weiterer Knoten dient der Verarbeitung für den Nordosten usw. Die Daten sind in den einzelnen Knoten im wesentlichen nichtredundant. Ob eine Aufgabe an diesen oder jenen Knoten geschickt wird, hängt davon ab, wo eine Aufgabe anfällt oder gemanagt wird. Die Struktur der Daten, nicht ihr Inhalt, wird über die verschiedenen Knoten verteilt. Die verschiedenen Möglichkeiten (und es gibt viel mehr, als hier dargestellt) werden in Abb. 2.9 wiedergegeben.

Jede Möglichkeit der Datenzuordnung hat ihre Stärken und Schwächen. Im allgemeinen ist es leicht, Programme und Datenstruktur über mehrere Knoten redundant zu halten. Es ist jedoch nicht einfach, selbst bei einem gut definierten und verwalteten globalen Ablagesystem, redundante Daten unter Kontrolle zu halten. In der Regel wird die Knotenresidenz durch die Orientierung der Organisation bestimmt. Wenn die Organisation gegenüber ähnlichen Einheiten eine geographische Aufteilung besitzt, wird das Client/Server-Netzwerk ebenso eine geographische Abgrenzung der Knotenresidenz haben. Wenn die Organisation funktionell von anderen Organisationen abgeteilt ist, wird das Client/Server-Netzwerk desgleichen eine funktionale Abtrennung aufweisen.

Der Entwickler muß mit Schwierigkeiten rechnen, wenn die Abgrenzung der Knotenresidenz nicht mit der Organisation übereinstimmt, die von der Client/Server-Umgebung bedient werden soll.

Systementwicklungsablauf („SDLC")

Ein weiterer Faktor, der die Client/Server-Umgebung stark beeinflußt, ist der Unterschied zwischen Betriebsdaten- und DSS-Verarbeitung beim Systementwicklungsablauf. Weiter oben wurden die Unterschiede zwischen Betriebsdatenverarbeitungs- und DSS-Umgebung in Form von Daten, Betriebsmittelausnutzung und unter anderen Gesichtspunkten behandelt. Diese Unterschiede sind sehr wichtig. Es gibt aber noch einen anderen äußerst wichtigen Unterschied zwischen Betriebsdaten- und DSS-Verarbeitung: die Systementwicklung.

Abb. 2.10 stellt den klassischen Systementwicklungsablauf und die Personalauslastung dar. Dieser beginnt mit Anforderungen und endet mit Implementierung und Wartung. Der klassische Systementwicklungsablauf trifft nur auf Systeme zur Betriebsdatenverarbeitung zu. Der eigentliche Zweck der DSS-Verarbeitung ist die heuristische Analyse. Bei einer heuristischen Analyse wird der nächste Schritt erst dann formuliert, wenn die Ergebnisse des augenblicklichen Verarbeitungsschrittes vorliegen. Mit anderen Worten: heuristische Verarbeitung ist iterativ. Die Systementwicklung für Systeme im DSS-Modus ist derjenigen für Systeme im Betriebsdatenverarbeitungsmodus diametral entgegengesetzt. Aus diesem Grunde wird der Systementwicklungsablauf für die DSS-Verarbeitung häufig „CLDS" (= „SDLC" invertiert) genannt. Abb. 2.11 zeigt ein CLSD für DSS-Verarbeitung.

In der Client/Server-DSS-Umgebung wird eine iterative Vorgehensweise gewählt. Zunächst werden Daten – archivierte, historische Daten – implementiert. Als nächstes werden die Daten auf Vollständigkeit, systematische Fehler usw. geprüft, Programme geschrieben und mit den Daten getestet. Nach dem Ablauf werden die Ergebnisse der Programme analysiert. Nach mehreren Iterationen des beschriebenen Prozesses erhält man die Anforderungen für die DSS-Verarbeitung. (Stichwort: „Rapid Prototyping")

Typisch für die DSS-Umgebung ist die Einstellung der Endbenutzer. „Gib mir das, was ich haben will; dann sage ich dir, was ich wirklich will." Wenn die Anforderungen vor Beginn der Entwurfsphase endgültig „eingefroren" werden müssen (wie bei der klassischen Systementwicklung), treibt diese Einstellung Entwickler zum Wahnsinn, da sie auf diese Weise die Anforderungsanalyse nie abschließen können.

Diese unterschiedlichen Entwicklungsstrukturen bilden einen weiteren Grund für die notwendige Trennung von Betriebs- und DSS-Daten und deren Verarbeitung.

Zusammenfassung

In diesem Kapitel wurden einige der Hauptthemen behandelt, denen sich der Entwickler der Client/Server-Umgebung gegenüber sieht.
Es sind

- Kontrollmechanismen in der Client/Server-Umgebung, die so in anderen Umgebungen nicht vorhanden sind
- Leistung im Netzwerk und an jedem Knoten
- globale Koordination der Verarbeitung
- Disziplin

* die Einrichtung des globalen Ablagesystems
* aktuelle oder archivierte Daten
* Knotenresidenz
* Systementwicklungsablauf

Jeder dieser Punkte hat wesentliche Auswirkungen darauf, wie die Client/Server-Umgebung ausgelegt wird und auf die Art und Weise, wie Anwendungen entwickelt werden.

3 Das Ablagesystem und die Betriebsdaten-/DSS-Verarbeitung

> Das Geheimnis des Geschäftslebens ist, etwas zu wissen, was niemand sonst weiß.
>
> Ari Onassis (19001975)

Die Einrichtung und Implementierung des Ablagesystems bildet eine der Grundlagen einer erfolgreichen Client/Server-Umgebung. Interessanterweise tritt das Ablagesystem in äußerst verschiedenen Formen für aktuelle Betriebs- und unveränderliche DSS-Daten auf. In diesem Kapitel werden sowohl Aspekte als auch Implementierungen des Ablagesystems in der Betriebs- und in der DSS-Umgebung behandelt.

Das Betriebs-Ablagesystem für Client/Server-Verarbeitung

Die natürlichste Aufteilung der Knotenresidenz ist entsprechend den Funktionalitätsgrenzen oder der Aufteilung der für den Knoten verantwortlichen Organisation. (Es gibt noch andere Ansätze für die Knotenresidenz; der übliche Ansatz wird später in diesem Kapitel behandelt.) Der Grund, warum die Knotenresidenz natürlicherweise durch die funktionalen oder organisatorischen Grenzen bestimmt wird, liegt darin, daß das wesentliche der Client/Server-Verarbeitung die Kontrolle und Autonomie ist. Daraus folgt, daß jede funktionale Abteilung ihren eigenen Knoten kontrolliert. Abb. 3.1 stellt ein Beispiel für eine funktionale oder organisatorische Unterteilung der Knotenresidenz dar.

Abb. 3.1 bildet die Knotenresidenz bei einem Groß- und Einzelhändler der Lebensmittelbranche ab. Ein Knoten ist für die Buchhaltung zuständig, ein anderer für Lieferantenaufträge (d.h. an Lieferanten gegebene Aufträge), und ein dritter für die Verarbeitung an der Lade-

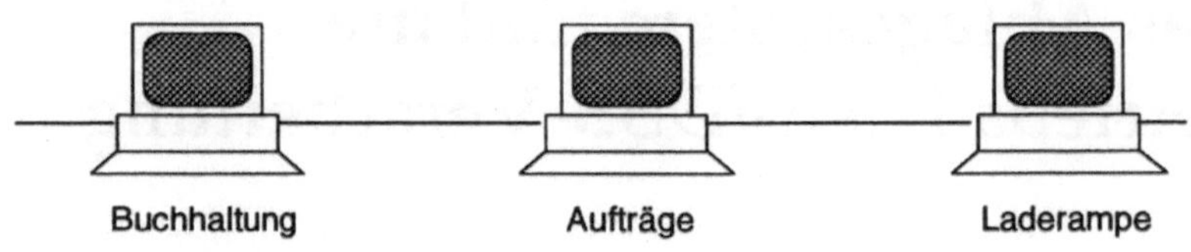

Abb. 3.1 Drei Knoten eines Client/Server-Netzes.

rampe, wo Sendungen empfangen und verschickt werden. Im wesentlichen wird eine mittelgroße Verarbeitungsmenge einmaliger, sich nicht überschneidender Vorgänge an jedem der Knoten bearbeitet; daneben gibt es eine ähnlich große Menge sich überschneidender Daten, wie Abb. 3.2 zeigt.

Kundendaten, wie Name und Anschrift, sowie Produktdaten und Standortdaten sind an jedem Knoten vorhanden. Die Schwierigkeit der Verwaltung dieser redundanten Daten ist in Abb. 3.3 dargestellt.

In Abb. 3.3 besteht die Notwendigkeit, einen Kunden hinzuzufügen. Dies erfordert eine Aktualisierung an jedem Knoten, ebenso, wie sie bei einer Änderung einer Produktbeschreibung oder der Streichung eines Ladens aus dem Einzelhändlersystem erforderlich wäre. Während der in Abb. 3.3 dargestellte Vorgang unter der Voraussetzung, daß Autonomie das wesentliche der Client/Server-Verarbeitung ist, noch durchgeführt werden kann, führen weitere Veränderungen nach kurzer Zeit zu einem chaotischen Zustand, wie in Abb. 3.4 dargestellt.

Abb. 3.4 zeigt, daß verschiedene Kunden, einige Produkte und sogar Standorte nach kurzer Zeit über das ganze Netzwerk verstreut sind. Zu diesem Zeitpunkt herrscht bereits Chaos. Wenn eine Organisation, die Client/Server-Verarbeitung betreibt, bei dem in Abb. 3.4 beschriebenen Zustand angelangt ist, befindet sie sich in erheblichen Schwierigkeiten. Was passiert, wenn der Buchhaltungsknoten von dem Auftragsknoten Produktinformationen über Eier anfordert? Der Buchhaltungsknoten kennt Eier als ein gültiges Produkt, aber der Auftragsknoten weiß nichts über Eier. Die Daten, welche die Organisation am Laufen halten, sind in diesem Fall vollständig durcheinander geraten. Eine formale Definition und Implementierung des Ablagesystems ist hier erforderlich, wenn irgendeine Kontrolle und Integrität der unternehmensweiten Client/Server-Verarbeitung gewährleistet werden soll.

	Buchhaltung	Aufträge	Laderampe
Prozesse	Debitoren Kreditoren	Aufträge Lieferungen	Wareneingang Warenausgang
Daten	Kundendaten Produktdaten Standortdaten	Kundendaten Produktdaten Standortdaten	Kundendaten Produktdaten Standortdaten

Abb. 3.2 Die Verarbeitung unterscheidet sich von Knoten zu Knoten, aber viele der Daten sind wiederholt abgelegt.

Wie genau könnte nun das Ablagesystem in einer funktional orientierten, knotenresidenten Client/Server-Umgebung implementiert werden? Der erste Schritt besteht darin, aufgrund der üblichen Verwendung der Daten zu definieren, welcher Knoten welche Daten resident aufnehmen soll. Zum Beispiel ist es möglich, den in Abb. 3.4 beschriebenen Knoten die in Abb. 3.5 dargestellte „Eignerschaft" oder Knotenresidenz zuzuordnen.

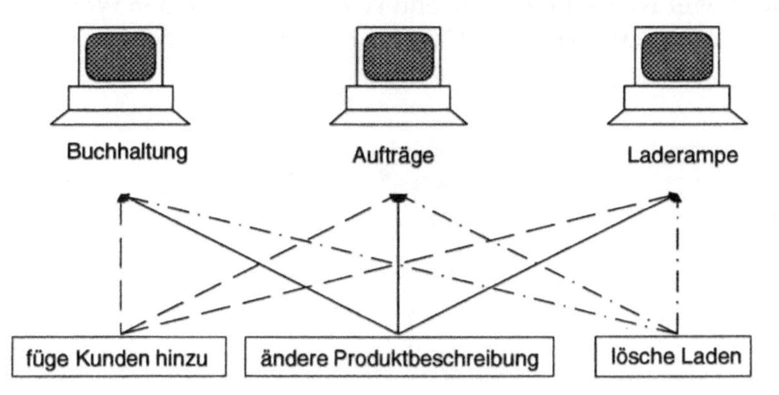

Abb. 3.3 Wenn die Daten redundant sind und geändert werden müssen, müssen sie an jedem Ort geändert werden, an dem sie vorkommen.

Kunde	Jones Smith	Smith Wilson	Wilson Jones
Produkt	Eier Tomaten	Tomaten Schinken Brot	Milch Eier
Standort	123 Main 456 High	456 High 12 Grand 1456 Tincup	12 Grand 123 Main

Abb. 3.4 Inkonsistente Daten, die an verschiedenen Knoten liegen.

In Abb. 3.5 besitzt der Buchhaltungsknoten resident Kundendaten, dem Auftragsknoten sind Produktdaten und dem Versandknoten sind Standortänderungsdaten zugeordnet. Die Auswirkung dieser Zuordnung ist folgende: wenn z.B. bei einem Kunden Änderungen vorgenommen werden müssen, werden diese am Buchhaltungsknoten vorgenommen. Wenn die Änderungen durchgeführt sind, kann der Buchhaltungsknoten andere von den Änderungen unterrichten. Was noch wichtiger ist: wenn irgendwann Widersprüche in den Werten auftauchen, gibt es einen einzigen Ursprung, an den man sich wegen einer

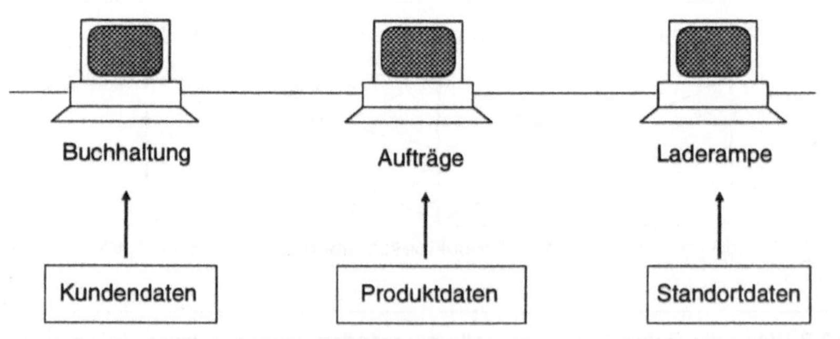

Abb. 3.5 Zuordnung von Knoten zum Ablagesystem.

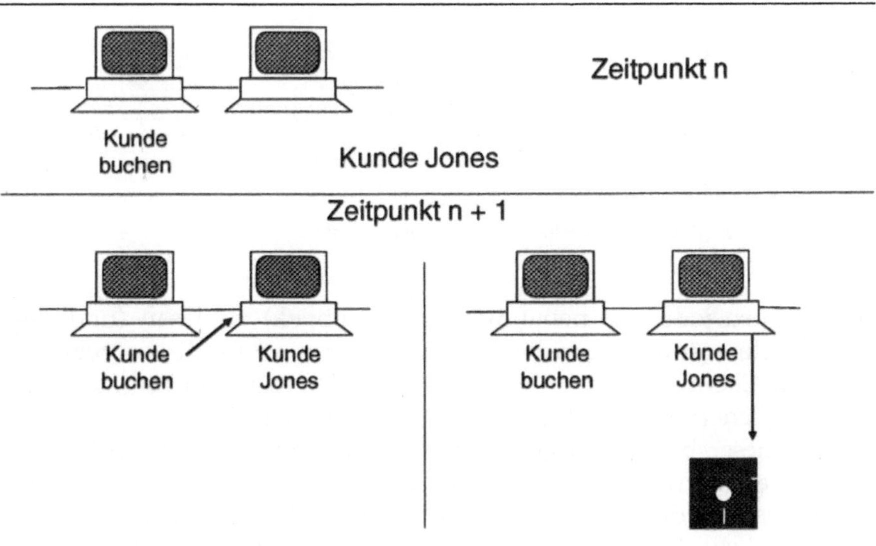

Abb. 3.6 Die beiden grundsätzlichen Möglichkeiten.

Lösung wenden kann. Per definitionem sind die Daten in dem Knoten, der sie besitzt und verwaltet, korrekt. Andere Knoten, die nicht Teil des Ablagesystems sind, können abweichende Daten besitzen.

Eine der Schwierigkeiten bei dem in Abb. 3.5 dargestellten Verfahren ist, daß es Datenredundanz stark begünstigt. Während es einfach ist, einen einzelnen Gegenstand einem Knoten zuzuordnen, ist es (selbst bei starker Affinität zwischen dem Knoten und den Daten) wahrscheinlich, daß die Daten außerhalb des Knotens benötigt werden. Wie in Abb. 3.6 dargestellt, werden Kundendaten am Buchhaltungsknoten geführt. Zum Zeitpunkt n benötigt die Verarbeitung an einem anderen Knoten Informationen über den Kunden Jones. Es wird eine Anfrage herausgeschickt, diese Daten bereitzustellen. Inzwischen, zum Zeitpunkt $n + 1$, wird dieselbe Information über den Kunden Jones noch einmal benötigt. Entweder erhält man die Daten vom Buchhaltungsknoten (was den Verkehr im Netz erhöht) oder die Daten werden am benutzenden (d.h. Client-)Knoten gespeichert. Wenn die Daten dort gespeichert werden, ist es durchaus möglich, daß die Werte für den Kunden Jones sich geändert haben, seitdem sie ursprünglich (aus der Datenbank) gelesen wurden. Der Kompromiß, der geschlossen werden muß, besteht darin, ent-

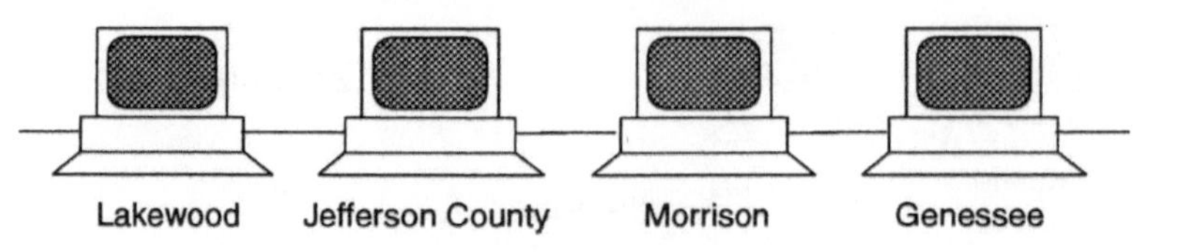

Abb. 3.7 Eine geographische Verteilung der Knotenresidenz.

weder Daten jedesmal neu (aus der Datenbank) zu lesen (und den Netzverkehr enorm zu erhöhen) oder die Daten, zumindest vorübergehend, am Client-Knoten zu speichern und das Risiko in Kauf zu nehmen, möglicherweise mit falschen Daten zu arbeiten.

Keine dieser beiden Möglichkeiten ist unbedingt zufriedenstellend. Eine dritte Alternative – für die sich die meisten Betriebe entschieden haben – besteht darin, die Daten mit Bedacht über das Netz zu verteilen, so daß die Knotenresidenz vor allem ermöglicht, Daten an dem Knoten zu aktualisieren und auf sie zuzugreifen, der ihnen als ihr Ablagesystem zugeordnet wurde. Dies ist die optimale Lösung, da sie sowohl den Netzverkehr als auch das Risiko inkonsistenter Daten minimiert.

Wie sollte nun ein Entwurf für die Client/Server-Umgebung angesichts der Notwendigkeit aussehen, die Knotenresidenz mit Bedacht zuzuordnen? Gewöhnlich basiert die Verteilung der Knotenresidenz auf geographischen Überlegungen. Abb. 3.7 zeigt ein städtisches Polizei-

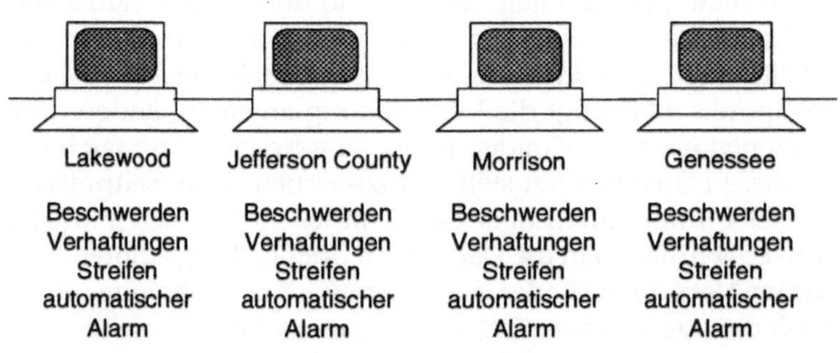

Abb. 3.8 Die Daten an jedem Knoten besitzen dieselbe Struktur, unterscheiden sich aber im Inhalt.

präsidium mit verschiedenen Polizeibezirken. Die Daten in Abb. 3.8 sind nicht redundant. Je nachdem, wo ein Zwischenfall passiert, werden die Daten in dem einen oder anderen Knoten abgelegt. Die Polizei in Lakewood kann auf die Daten in Jefferson County zugreifen, kann sie aber nicht ändern, da das Ablagesystem vorschreibt, daß die Datenablage entsprechend geographischer Grenzen erfolgt.

Nehmen wir nun an, daß die Polizei im Bezirk Lakewood Änderungen an einem Fall zustimmt, nachdem die Daten an einen anderen Knoten übergeben wurden. Zum Beispiel erbittet der Sheriff in Morrison aus Lakewood Informationen über einen Fall, und Lakewood stimmt zu, daß der Sheriff in Morrison das Recht erhält, die Fallinformationen zu ändern. Dies ist ein Beispiel dafür, wie sich das Ablagesystem auf einer Fall-zu-Fall-Basis verlagern kann.

Wenn Lakewood dem Sheriff in Morrison das Recht überträgt, einen Fall zu ändern, müssen die folgenden Bedingungen zutreffen:

- Es wird ein Zeitraum vereinbart, während dem der Sheriff in Morrison die Änderungen vornehmen kann. Werden im vereinbarten Zeitraum keine Änderungen vorgenommen, geht die Kontrolle an den Knoten in Lakewood zurück.
- Während der Sheriff in Morrison den Fall hat und Änderungen erwägt, darf sonst niemand Änderungen an dem Fall vornehmen.
- Während der Sheriff in Morrison den Fall hat und Änderungen erwägt, können andere nach Bedarf auf den Fall zugreifen.
- Der vereinbarte Zeitraum, während dem der Sheriff in Morrison den Fall studieren kann, wird sowohl am Lakewood-Knoten als auch am Morrison-Knoten gespeichert.
- Die Tatsache, daß der Sheriff in Morrison Kontrolle über den Fall hat, ist allgemein bekannt und jedermann verfügbar.
- Auf jeden Fall geht die Ablagesystem-Aktualisierungskontrolle an den Lakewood-Knoten zurück.

Diese Übereinkünfte werden sämtlich auf Programmebene erzwungen, während die Daten durch das Netz geschoben werden. Zusammengefaßt spielen bei der Aktualisierung von Betriebsdaten folgende Punkte für das Ablagesystem eine Rolle:

- Es besteht ein Bedarf für eine klare Definition der Knotenspeicherung, wenn Datenintegrität gewahrt werden soll.

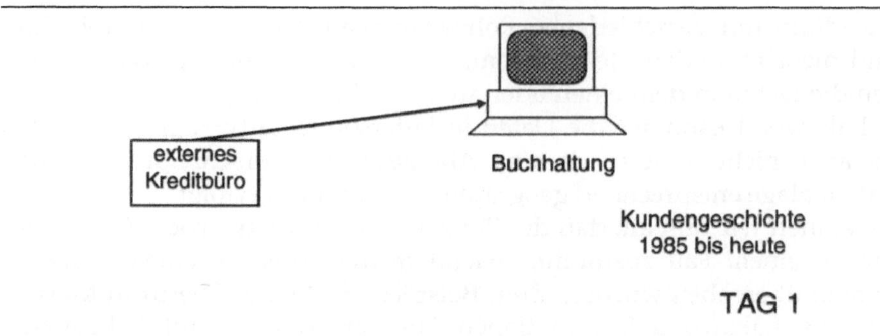

Abb. 3.9 Externe Daten werden ins Netz eingegeben.

- Wenn die Datenintegrität nicht gewahrt wird, ist es wahrscheinlich, daß Chaos die Folge ist.
- Das Hauptentwurfsziel ist, die Knotenspeicherung so auszulegen, daß sie dem Einsatz in den Bereichen der Organisation entspricht.
- Wenn eine Organisation auf mehrere funktionale Abteilungen ausgerichtet ist, sollte die Knotenspeicherung entsprechend der Abteilungsgliederung erfolgen und dabei die geschäftlichen Verantwortungsbereiche der Organisation nachbilden, die den Knoten kontrolliert.
- Wenn die Leitung einer Organisation geographisch ausgerichtet ist, sollte die Knotenspeicherung geographisch aufgeteilt werden.

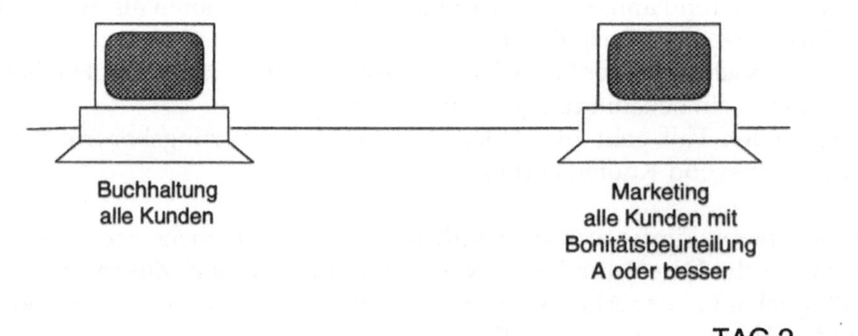

Abb. 3.10 Verschiedene Abteilungen haben unterschiedliche Daten.

Abb. 3.11 Der Managementbericht enthält unterschiedliche Daten aus verschiedenen Abteilungen.

Ablagesystem – DSS-Verarbeitung

Das Konzept des Ablagesystems ist auch für archivierte, unveränderliche Daten (d.h., Daten, die DSS-Verarbeitung unterstützen) wichtig. Es gibt jedoch einen wesentlichen Unterschied zwischen dem Ablagesystem für Betriebsdaten und dem Ablagesystem für DSS-Daten:

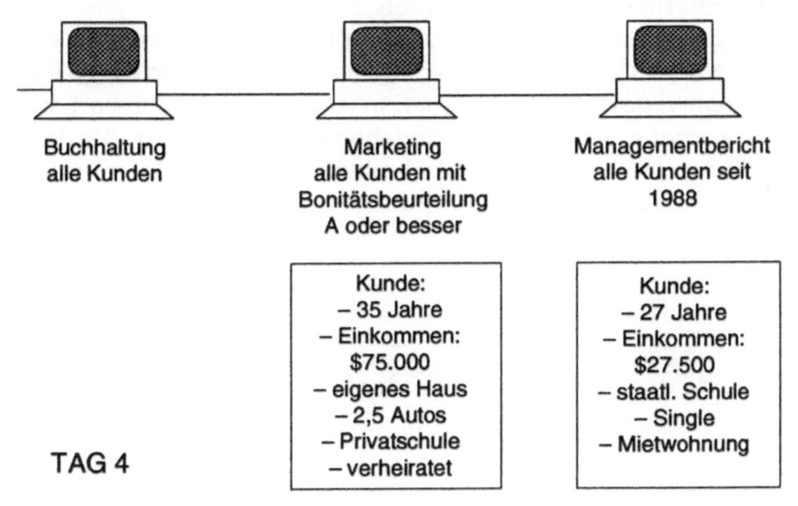

Abb. 3.12 Bei unterschiedlichen Ausgangsdaten ergeben sich völlig verschiedene Ergebnisse.

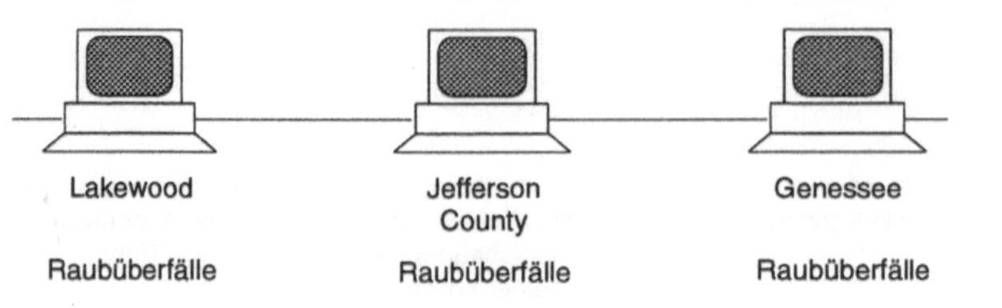

Abb. 3.13 Ein Polizeinetz.

Betriebsdaten haben einen momentanen Wert und können aktualisiert werden, wogegen archivierte Daten, wenn sie einmal richtig geschrieben wurden, nicht mehr aktualisiert werden können. Dadurch unterscheidet sich die Wirkungsweise des Ablagesystems für Client/Server-DSS-Verarbeitung wesentlich von dem für Betriebsdatenverarbeitung.

Die Funktionsweise des Ablagesystems für DSS-Verabeitung veranschaulicht man am besten an Hand der DSS-Verarbeitung in einem Client/Server-System ohne Ablagesystem. Betrachten wir den folgenden, völlig normalen Ablauf von Ereignissen.

Am Tag eins nimmt der Buchhaltungsknoten Informationen über Bonitätsbeurteilung von Kunden auf, ihren Geschäftszweig, ihr Zahlungsverhalten usw. Diese Information ist für alle Kunden vorhanden.

Am Tag zwei greift die Marketingabteilung auf die Kundendaten am Buchhaltungsknoten zu. Die Marketingabteilung wählt nur Kunden aus, deren Bonitätsbeurteilung A oder höher ist.

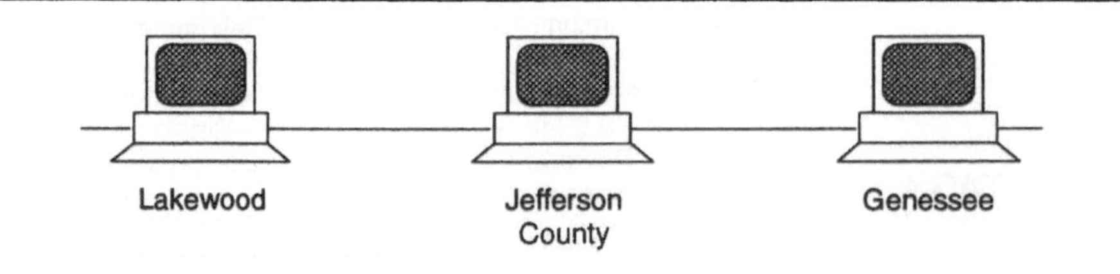

Abb. 3.14 Unterschiedliche Daten im Netz.

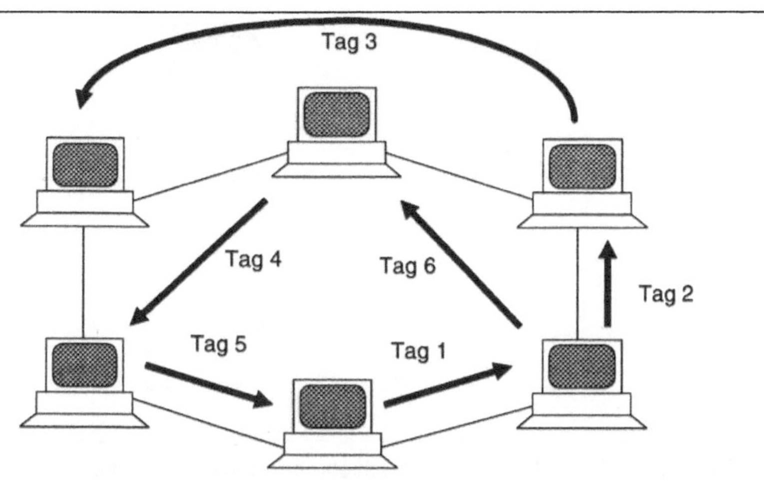

Abb. 3.15 DSS-Daten werden zufällig und häufig weitergereicht. Jede Übergabe von Daten bewirkt die Änderung einer Teilmenge der Daten und/oder betrifft Daten mit unterschiedlicher zeitlicher Grundlage.

Am Tag zwei sucht der für Managementberichte zuständige Knoten Kundendaten. Es werden Daten der Buchhaltung über Kunden ausgewählt, für die seit 1988 ein Konto besteht.

Nun wird die Marketingabteilung aufgefordert, eine kundenstatistische Auswertung vorzunehmen. Zur selben Zeit wird das Berichtswesen aufgefordert, eine ähnliche Auswertung aufgrund ihrer Daten durchzuführen. Die Ergebnisse der Auswertungen werden in Abb. 3.12 wiedergegeben.

Sowohl das Marketing als auch das Berichtswesen begannen jeweils mit ihrer eigenen Definition eines Kunden und erzeugten völlig verschiedene Ergebnisse. Wem soll man glauben? Wie bringt man die Diskrepanzen zwischen den beiden in Einklang? Wenn nicht mit denselben Daten begonnen wird, wie kann man dann die Endergebnisse der Analysen als widersprüchlich bemängeln? Aber inkonsistente Daten sind nur ein Faktor, der zur Inkonsistenz von DSS-Verarbeitung beiträgt. Betrachten wir nun das Client/Server-Netz für eine Polizeiumgebung, wie in Abb. 3.13 dargestellt.

Der Gesetzgeber fordert von allen Polizeidienststellen einen Bericht an. Jeder Knoten muß seinen Bericht erstellen. Bei den in Abb. 3.14 wie-

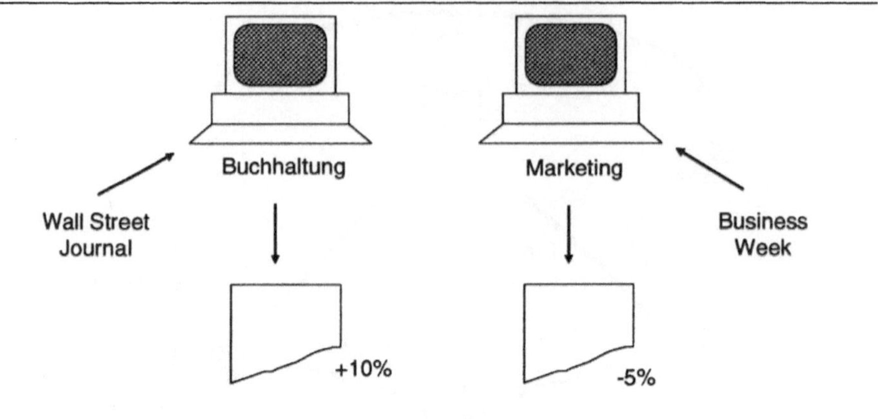

Abb. 3.16 Externe Daten führen zu unterschiedlichen Schlußfolgerungen.

dergegebenen Ergebnissen überrascht, daß sie so unterschiedlich sind. Ist ein Stadtteil so viel unsicherer als der andere? Ist Lakewood so viel unsicherer als Jefferson County oder Genessee? Wenn man nur nach dem Anteil von Raubüberfällen urteilt, trifft dies tatsächlich für Lakewood zu. Lakewood hat aber Raubüberfälle gemeldet, die während 24

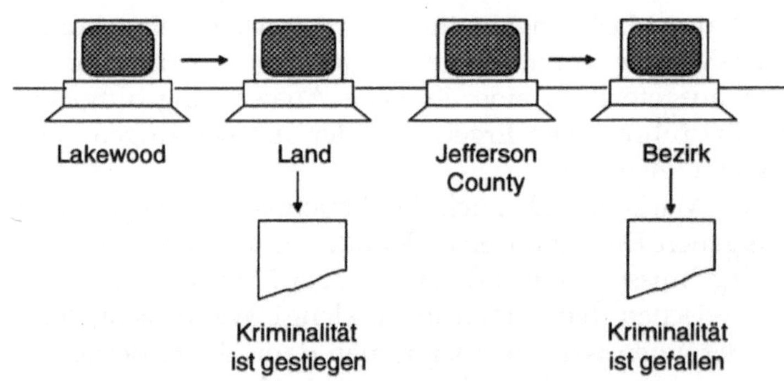

Abb. 3.17 Verschiedene Knoten ziehen unterschiedliche Schlüsse.

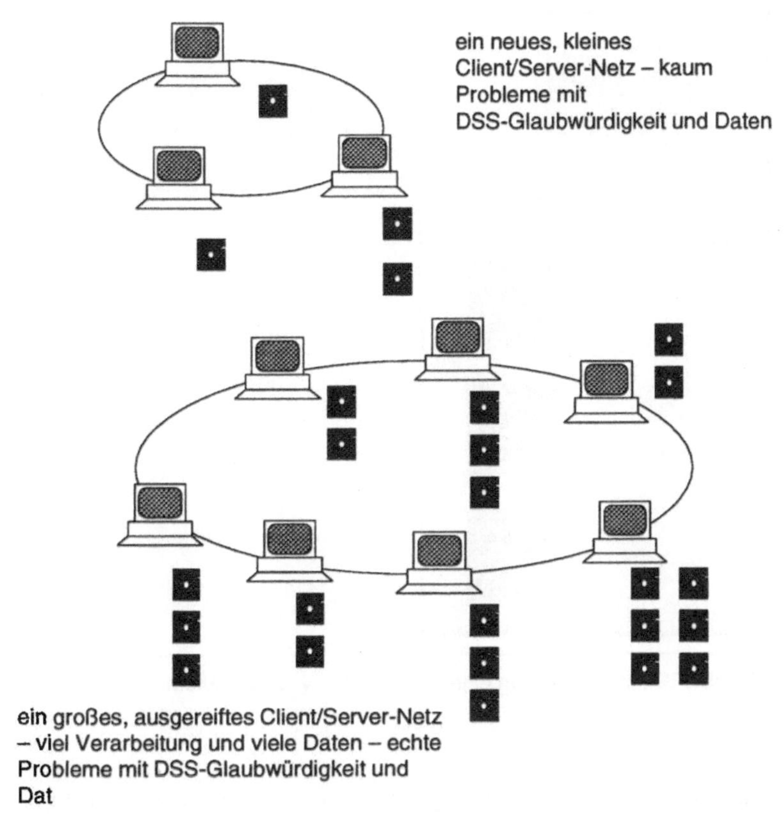

Abb. 3.18 Größe und Ausgereiftheit des Netzes bewirken große Unterschiede.

Stunden am Tag und 7 Tagen in der Woche geschahen. Jefferson County hat Raubüberfälle gemeldet, die von Montag bis Freitag zwischen 8 Uhr und 17 Uhr geschahen. Und Genessee hat nur Raubüberfälle gemeldet, die nach Feierabend geschahen – zwischen 18 Uhr und 7 Uhr. Wenn die zeitliche Basis der Daten im Netz nicht konsistent ist, warum sollten dann die Ergebnisse konsistent sein? Aber eine inkonsistente zeiliche Basis der Daten ist nicht der einzige Grund für die Unglaubwürdigkeit von Daten in der Client/Server-Umgebung bei nicht vorhandenem Ablagesystem. Ein dritter Problempunkt in der Client/-

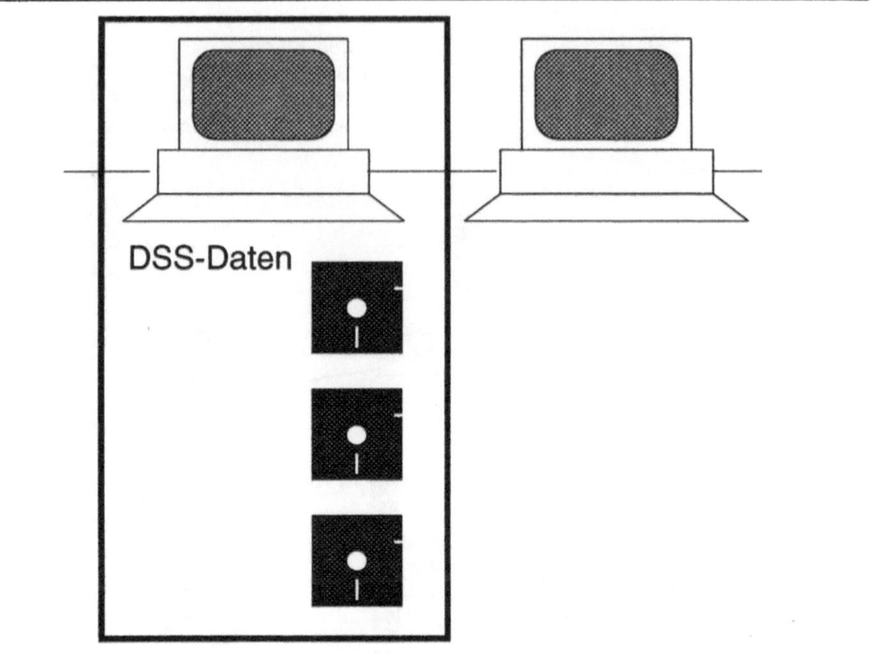

Abb. 3.19 Alle DSS-Daten werden von einem Knoten im Netz verwaltet.

Server-Umgebung besteht in der großzügigen Weitergabe der Daten von Knoten zu Knoten. Jedesmal, wenn Daten von einem Knoten zum nächsten weitergereicht werden, steigt die Wahrscheinlichkeit dafür, daß die zeitliche Basis der Daten mit der für die Analyse benutzten Datenteilmenge vermengt wird. Abb. 3.15 zeigt den Durchlauf von Daten in einer Client/Server-Umgebung.

Schließlich geht der Ursprung der Daten und ihre Integrität verloren. Es ist wie bei dem Gesellschaftsspiel, bei dem die Leute in einer Runde sitzen und reihum ein „Geheimnis" ins Ohr flüsternd weitererzählen. Wenn das „Geheimnis" seinen Ausgangsort wieder erreicht hat, ist nicht einmal mehr zu erkennen, was am Anfang losgeschickt wurde. Dasselbe geschieht, wenn Daten in einer Client/Server-Umgebung auf unkontrollierte Weise herumgeschickt werden.

Externe Daten tragen zu den Schwierigkeiten der DSS-Daten in der Client/Server-Umgebung ohne Ablagesystem bei. Es ist sehr einfach,

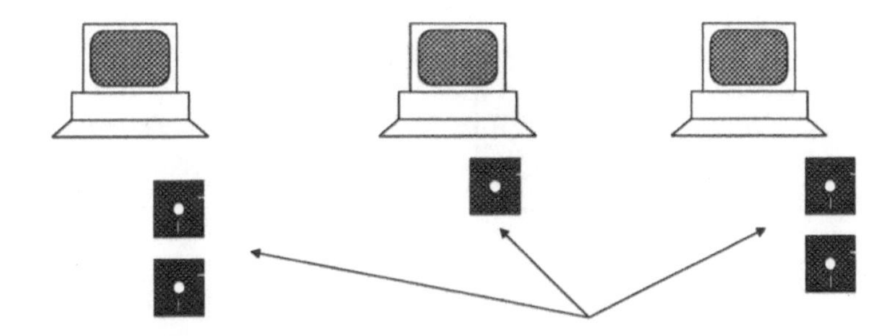

Abb. 3.20 Einige DSS-Daten an jedem Knoten.

Daten aus einer Vielzahl externer Quellen einzugeben. In Abb. 3.16 benutzt ein Knoten Lotus 1-2-3, um Zahlen für die Vorhersage des Bruttosozialproduktes aus dem Wall Street Journal einzugeben, und ein anderer benutzt dBase III, um Vorhersagen des Bruttosozialproduktes aus Business Week einzugeben. Leider geht die Quelle der Daten verloren, während die Daten von jedem Knoten eingegeben werden. Die Vorhersagen des Bruttosozialprodukts gehen an jedem Knoten in den Datenbestand und stellen nun widersprüchliche, nicht verträgliche Daten dar. Externe Daten und der Verlust der Quelle der Daten sind weitere Gründe, warum es bei der DSS-Verarbeitung in einer Client/Server-Umgebung ohne ein besonders definiertes Ablagesystem zu Inkonsistenzen kommt. Ein letzter Grund für diesen Mangel ist der, daß es möglicherweise von vornherein keinen gemeinsamen Ursprung der Daten gibt. Nehmen wir an, daß der staatliche Polizeibericht sich auf die Daten der Polizei in Lakewood stützt, und die Bezirksregierung sich auf Daten des Sheriffs in Jefferson County, so erhält man das in Abb. 3.17 dargestellte Ergebnis.

Ein Bericht an den Staat behauptet, die Kriminalität sei gestiegen. Ein anderer Bericht an den Bezirk behauptet, daß die Kriminalität gefallen sei. Da von Anfang an in der Client/Server-Umgebung keine gemeinsame Datenquelle vorhanden war, warum ist es dann so überraschend, wenn die Analysen so unterschiedlich ausfallen? Ohne ein stichhaltig definiertes DSS-Ablagesystem tragen die folgenden Faktoren zu Chaos und Unglaubwürdigkeit der DSS-Verarbeitung bei:

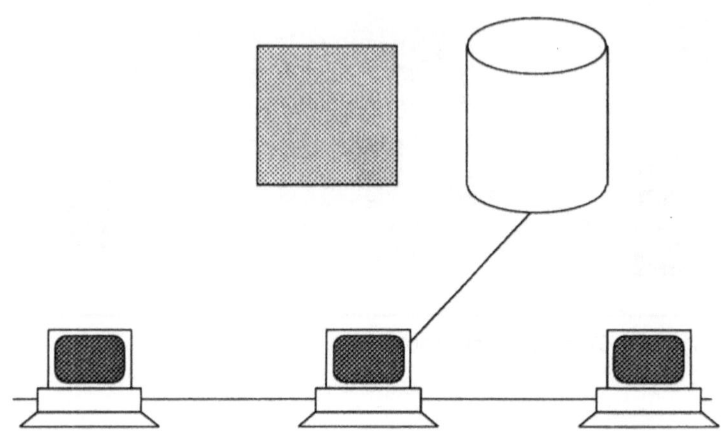

Abb. 3.21 Großrechner/Mini-DSS-Datenserver. Eine weitere Alternative.

- keine zeitliche Grundlage der Daten,
- Analyse unterschiedlicher Teilmengen der Daten,
- „Verketten" von Daten quer durch das Netz, was die Wahrscheinlichkeit von Inkonsistenz mit jeder Kette erhöht,
- das Problem externer Daten, insbesondere, wenn die externen Daten von ihrer Quelle getrennt werden und
- Analyse auf der Grundlage von vornherein unterschiedlichen Datenquellen.

Wenn DSS-Verarbeitung auf eine glaubwürdige Weise erfolgen soll, muß sie mit einem sauber definierten Ablagesystem durchgeführt werden. Bei Beginn einer Client/Server-Verarbeitung werden die hier beschriebenen Erscheinungen kaum wahrgenommen. Abb. 3.18 veranschaulicht den Unterschied in der Vertrauenswürdigkeit zwischen zwei Umgebungen.

Anders als beim Ablagesystem für die betriebliche Umgebung reicht es in der Client/Server-DSS-Umgebung nicht aus, einige Vereinbarungen über Programmierung und Datenbankentwurf zu treffen. Im nächsten Kapitel umreißen wir einige Optionen für die Implementierung des DSS-Ablagesystems in der Client/Server-Umgebung.

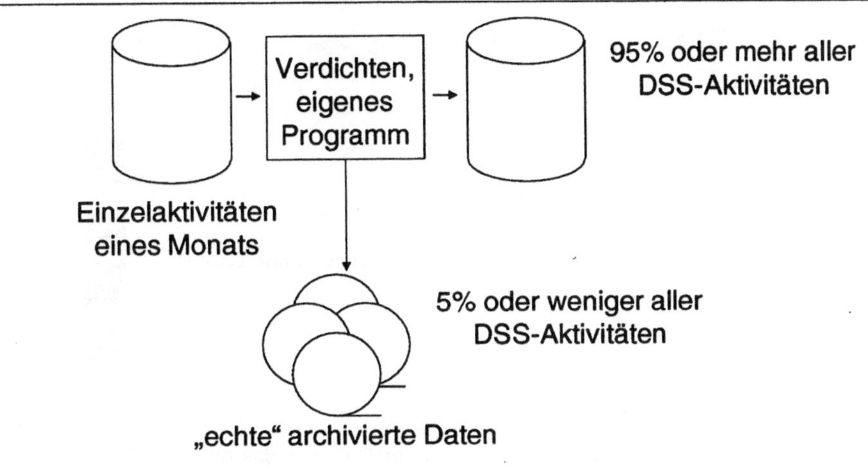

Abb. 3.22 Verschiedene Granularitätsstufen.

Das DSS-Ablagesystem

Das DSS-Ablagesystem kann an verschiedenen Stellen der Client/-Server-Umgebung angelegt werden. Eine Möglichkeit ist, alle DSS-Daten in das Ablagesystem und alle Betriebsdaten in einen anderen Knoten im Client/Server-Netz zu legen, wie in Abb. 3.19 dargestellt.

Die Schwierigkeiten bei diesem Ansatz sind

- die Verarbeitung am DSS-Knoten unterscheidet sich völlig von der Verarbeitung an anderen Knoten und
- die Menge der Daten, die sich an diesem Knoten ansammelt, kann erheblich sein, und zwar so groß, daß die an dem Knoten zur Verfügung stehenden Resourcen bis zum äußersten gefordert werden.

Eine andere Möglichkeit ist, die Daten über die Knoten des Netzes zu verteilen, wie in Abb. 3.20 dargestellt.

Der Vorteil bei Abb. 3.20 ist der, daß es eine fast unbeschränkte Kapazität für die Erweiterung des DSS-Ablagesystems gibt. Die Schwierig-

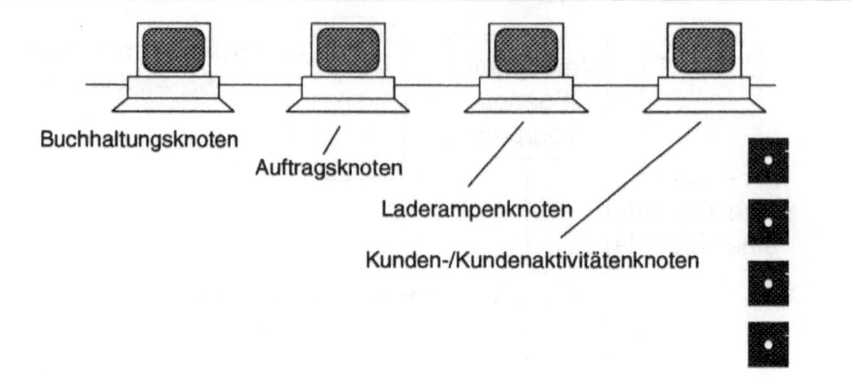

Abb. 3.23 Verschiedene Betriebsknoten übergeben Daten an das Ablagesystem.

keiten, die sich bei dieser Verteilung des DSS-Ablagesystems ergeben, sind:

- Die Daten werden physisch verteilt. Dies bedeutet, daß globaler Zugriff auf die Daten ein Verfahren, das in der Welt der DSS-Verarbeitung normal ist nur mit hohem Betriebsmitteleinsatz zu erreichen ist.
- Da die Daten physisch an verschiedenen Knoten liegen, ist die Versuchung an jedem Knoten groß, sie zu ändern, d.h. hinzuzufügen, zu löschen, zu modifizieren. Das Ergebnis ist ein Mangel an Integration und Uniformität. Dieser Mangel macht die Wirkung zunichte, deretwegen man in erster Linie DSS-Daten überhaupt unterhält.

Ein dritter Ansatz ist, das DSS-Ablagesystem in einer getrennten Umgebung zu speichern, die jedoch über das Netz erreichbar ist. Abb. 3.21 zeigt diese Möglichkeit.

Dieser Ansatz löst sowohl die Probleme, die sich bei Plazierung des DSS-Ablagesystems an einem Knoten ergeben, als auch die, welche sich bei der Verteilung der Daten an verschiedenen Knoten ergeben. Typisch für das DSS-System der Ablagedaten ist der hohe Speicherbedarf. Selbst in einer mäßig großen Umgebung ist es normal, daß das Datenvolumen enorme Ausmaße annimmt. Aus diesem Grund ist es allgemein üblich, das Konzept unterschiedlicher *Granularität* für DSS-Daten einzuführen. Am besten veranschaulicht ein Beispiel die Konsequenzen der Granularität. Angenommen, eine Immobilienfirma verfolgt 30 Tage lang Hinweise, Verkäufe, Gespräche usw. als normalen Teil der Betriebdatenverarbeitung. Nehmen Sie nun an, daß der Wunsch besteht, für ein Jahr mit der Erfassung der Daten über Verkaufsgespräche für DSS-Verarbeitung und -Analyse fortzufahren, wie in Abb. 3.22 dargestellt.

Es ist keine tiefgründige Untersuchung erforderlich, um zu erkennen, daß sich bald viele DSS-Daten anhäufen, wenn alle eingegebenen Einzelheiten im DSS-Ablagesystem gespeichert werden. Es wird entschieden, die ausführlichen Sätze auf eine höhere Stufe der Granularität zu bringen. Zum Beispiel werden in einer Datei die Verkaufsgespräche pro Vertreter und *Monat* geführt. Jeden Monat wird die Gesamtzahl der Verkaufsgespräche jedes Vertreters aufgezeichnet. Eine zweite Datei, die eingerichtet wird, enthält die Anzahl von Interessenten pro Objekt und Monat. Für jedes verwaltete Objekt wird jeden Monat die Anzahl der Interessenten gebucht. Die Verkäufe pro Monat werden ebenfalls verbucht. Die Buchung detaillierter Grunddaten in monatlichen Dateien führt zu *verdichteten* Daten. Die verdichteten monatlichen Dateien können effizient gespeichert werden. Der Zugriff auf sie ist ebenfalls äußerst effektiv.

Wenn es jedoch erforderlich ist, nach früherer Detailinformation zu suchen, wird eine echte Archivdatei gehalten. Detaillierte Daten werden einfach in der echten Archivdatei abgelegt. Wenn die verdichtete Datei richtig entworfen wurde, kann bei weitem der größte Teil der DSS-Verarbeitung mit den weniger körnigen, stärker verdichteten Daten erledigt werden.

Eine bestimmte Granularität der Daten ist der erste Beweggrund für den Aufbau des DSS-Ablagesystems. Der zweite Grund für den Aufbau des DSS-Ablagesystems ist die Integration von Daten. Um effektiv zu sein, müssen Daten im DSS-Ablagesystem unter Berücksichtigung vielfältiger Anwendungen integriert sein. Bei Betriebdatensverarbeitung ist es normal, daß sie betriebsorientiert ist. Aber sobald Daten von Betriebsanwendungen in die DSS-Umgebung übergehen, erhalten die Daten eine integrierte Orientierung. Wenn man zuläßt, daß Daten in das DSS-Ablagesystem übernommen werden und dabei anwendungsorientiert bleiben, geht viel von der Nützlichkeit der DSS-Ablageumgebung verloren. Nehmen wir an, daß z.B., wie in Abb. 3.23 dargestellt, drei Betriebsknoten – ein Buchhaltungsknoten, ein Auftragsbearbeitungsknoten und ein Versandknoten – sämtliche Daten an das Kunden/Kundenaktivitäten-DSS-Ablagesystem übergeben, so müssen, um effektiv zu sein, die Daten integriert werden. Dies bedeutet z.B., daß ein Kunde, welcher der Buchhaltung bekannt ist, derselbe Kunde ist, welcher dem Versand bekannt ist. Oder, wenn z.B. die Auftragsbearbeitung ein Datum in der Form JJ/MM/TT verwendet, wird das Datum korrekt erkannt und ist konsistent mit dem im Versand. Oder, wenn z.B. die Auftragsbearbeitung den Artikel ABC als „Schraube" beschreibt, ist ABC auch in der Versandverarbeitung als „Schraube" bekannt. Kurz gesagt: wenn Daten am DSS-Ablagesystem eintreffen, werden sie im gesamten System konsistent als dieselbe Sache bekannt.

Eine andere wichtige Eigenschaft der Umwandlung von Betriebsdaten in Ablagedaten des DSS-Systems ist die „Zeitabhängigkeit" der Ablagedaten des DSS-Systems. Zeitabhängige Daten setzen voraus, daß der Schlüsselstruktur der Daten eine Datumsangabe angefügt wird:

* Schlüssel + von-Datum + bis-Datum (abgeschlossene Zeiträume)
* Schlüssel + Stichtag (Zeitpunkt)
* Schlüssel + vom...an-Datum (nicht abgeschlossene Zeiträume)

Daten, die aus der Betriebsumgebung kommen, sind selten datumsorientiert. Ein großer Teil der Umwandlung von Betriebsdaten in DSS-Daten bezieht sich daher auf die Umwandlung von Schlüsseln.

Zusammenfassung

In diesem Kapitel haben wir das Ablagesystem sowohl in der Betriebs- als auch in der DSS-Umgebung untersucht. In der Betriebsumgebung ist das Ablagesystem durch Knotenresidenz definiert, wobei die Kontrolle über die Aktualisierung an jedem Knoten liegt. Die Plazierung der Daten auf Knoten wird durch funktionale Angleichung an die Organisation definiert. Wenn die Organisation entsprechend der Linienorganisation der einzelnen Abteilungen ausgelegt ist, die unterschiedliche Aufgaben haben, wie Buchhaltung, Marketing usw., wird die Knotenresidenz entsprechend definiert. Ist die Organisation geographisch in verschiedenen geographischen Einheiten gegliedert, erfolgt die Ablage entsprechend der geographischen Aufteilung.

Die Implementierung des Ablagesystems unterscheidet sich in der
DSS-Umgebung wesentlich vom Ablagesystem bei betrieblicher
Verarbeitung, da DSS-Daten, wenn sie einmal richtig abgelegt wurden,
nicht mehr aktualisiert werden. Die Gründe, die zu einem Ablagesystem für DSS-Daten führen, sind:

- analytische Verarbeitung, die verschiedene Datenmengen einbezieht,
- keine zeitabhängige Veränderung der DSS-Daten,
- mehrere Herkunftsquellen, von denen jede die Wahrscheinlichkeit
  der Zerstörung der Datenintegrität erhöht,
- externe Daten, insbesondere diejenigen, die ihrer Quellenangabe beraubt wurden und
- von Anfang an kein gemeinsamer Datenursprung.

4 Konfigurationen

Unsere Pläne mißlingen, da sie kein Ziel haben. Wenn
ein Mann nicht weiß, in welchen Hafen er steuert, ist kein
Wind der richtige.

Seneca

Um der Notwendigkeit der Trennung von Betriebs- und DSS-Daten
und ihrer Verarbeitung zu genügen, gibt es verschiedene Implementierungsmöglichkeiten für die Client/Server-Umgebung. Diese werden
in Abb. 4.1 gezeigt.

Man hat die Wahl zwischen:

- nur Betriebsdatenverarbeitung in der Client/Server-Umgebung,
- nur DSS-Verarbeitung in der Client/Server-Umgebung,
- einem zentralen DSS-System-Ablagespeicher, der mit vernetzten Betriebsknoten gekoppelt ist, und
- einem oder mehreren DSS-Knoten (wobei es eine beschränkte Menge von DSS-Systemen für Ablagedaten gibt), die mit vernetzten Betriebsknoten gekoppelt sind.

Die Möglichkeit, DSS-Daten über mehrere Knoten zu verteilen, ist aus
den oben genannten Gründen nur schwer realisierbar.

Bewertung der Alternativen

Nur Client/Server-Betriebsdatenverarbeitung: Die am häufigsten gewählte und wohl einfachste Möglichkeit. Es besteht keine Notwendigkeit für zeitabhängige Daten an diesem Knoten.

Nur DSS-Verarbeitung: Diese Möglichkeit kommt in der Praxis kaum
vor. Ist dies jedoch der Fall, handelt es sich um eine interessante Varian-

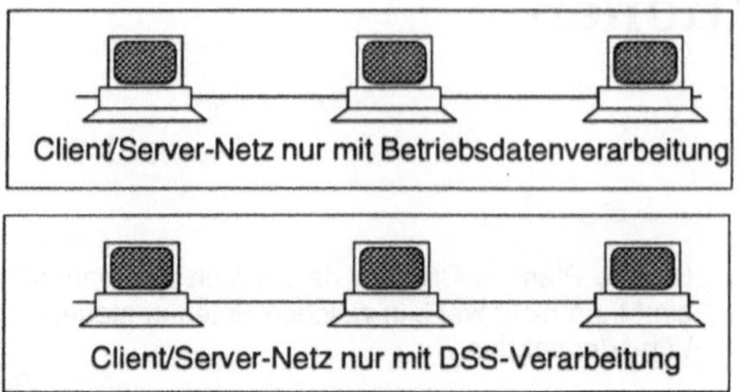

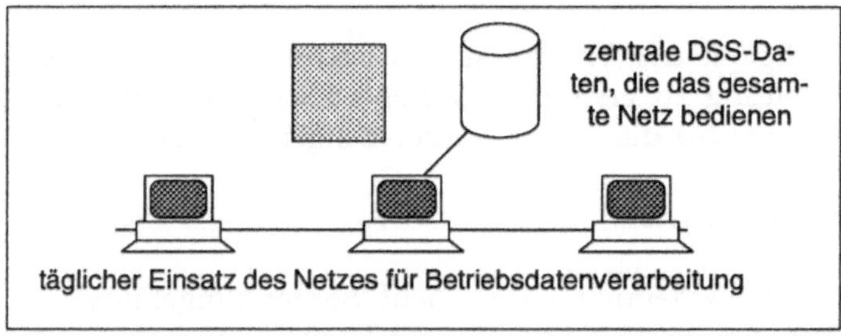

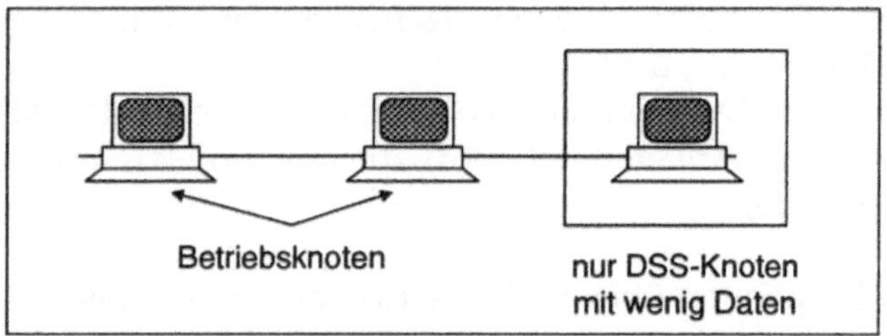

Abb. 4.1 Einige allgemeine Konfigurationen mit DSS- und Betriebsdaten und Verarbeitung in der Client/Server-Umgebung.

te, da keine Vermischung von Betriebs- und DSS-Daten und ihrer Verarbeitung auftritt.

Zentrales DSS-Ablagesystem gekoppelt mit vernetzten Betriebsknoten: Diese äußerst leicht zu handhabende Möglichkeit bietet viele Vorteile. Die betriebliche Verarbeitung liegt verteilt an Knoten, während der größere Speicher für DSS-Daten an einem größeren Server lokalisiert ist.

Einer oder mehrere DSS-Knoten sind mit Betriebsknoten gemischt:
Diese Variante kann nur gewählt werden, wenn nur eine beschränkte
Menge DSS-Daten vorhanden ist. Diese Option ist eine Übergangslö-
sung, die nur so lange Gültigkeit hat, wie nur wenig DSS-Daten vorhanden sind.

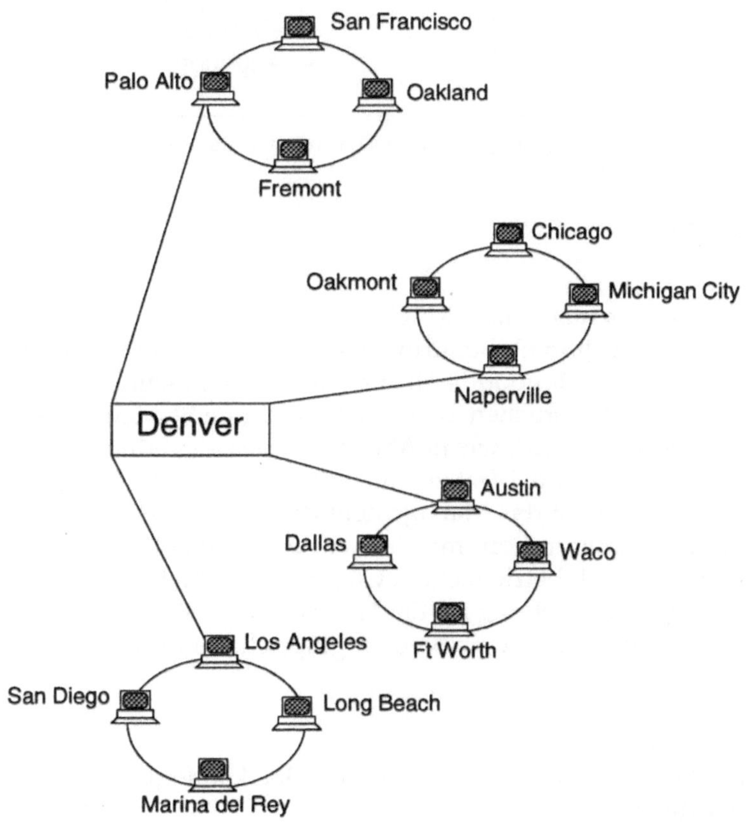

Abb. 4.2 Das Netz einer Immobilienfirma, das mehrere lokale Client/Server-Netze enthält.

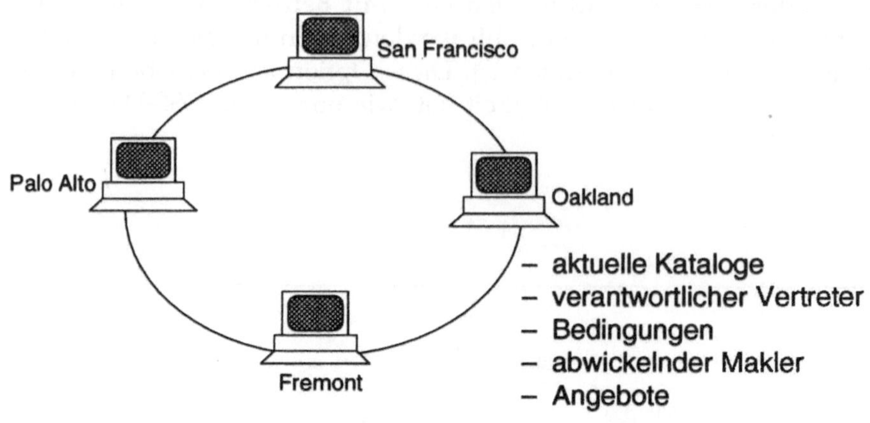

Abb. 4.3 Client/Server-Verarbeitung für Immobilien im Gebiet der San Francisco Bay.

Ein Beispiel

Am besten erklärt man diese Möglichkeiten in Form eines Beispiels. Angenommen, eine Immobilienfirma der Weststaaten hat ihren Firmensitz in Denver. Die Immobilienfirma hat Niederlassungen in jeder größeren Stadt des westlichen Teils der Vereinigten Staaten. Eine Reihe überregionaler Netze wird, wie in Abb. 4.2 dargestellt, aufgebaut.

Die meisten Städte im Westen und mittleren Westen sind Teil des Netzes. Im Zentrum ist das Management der Immobilienfirma. Die erste technische Konfiguration, mit der wir uns beschäftigen wollen, ist die mit ausschließlich betrieblichem Client/Server-Netz. Abb. 4.3 zeigt die Client/Server-Umgebung für das Gebiet der San Francisco Bay.

In Abb. 4.3 sind die an jedem Knoten gespeicherten Daten dargestellt für

- aktuelle Kataloge
- den für die Reservierung/den Verkauf der katalogisierten Objekte verantwortlichen Vertreter
- die Bedingungen jedes zu verkaufenden Objekts
- Angabe des abwickelnden Maklers und
- die für das Objekt vorliegenden Angebote.

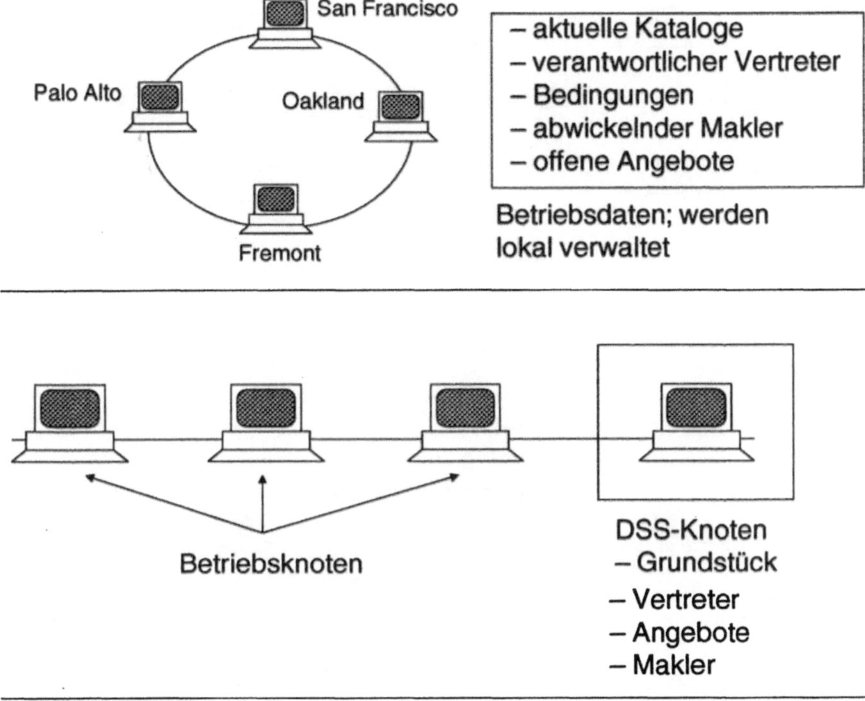

Abb. 4.4 Mischen von Knotenarten.

Jedes Immobilienobjekt in der Bay Area, das von der Firma betreut wird, ist im Netz. Wenn ein Grundstück in der Market Street liegt, ist es im San Francisco-Knoten enthalten. Wenn ein Grundstück in Berkeley ist, ist es im Oakland-Knoten. Wenn ein Grundstück in Gilroy ist, findet man es im San Jose-Knoten usw.

Das Netz enthält nur die Grundstücke, die zum Verkauf stehen. Wird der Verkauf getätigt, wird das Grundstück aus dem System gelöscht. Diese Konfiguration ist ein Beispiel für eine rein betriebliche Client/Server-Umgebung.

Die zweite Konfiguration ist die einer reinen DSS-Client/Server-Umgebung. Diese Konfiguration kommt in der Realität fast nie vor. Für unser Beispiel nehmen wir jedoch an, daß in der Zentrale in Denver eine Client/Server-Umgebung wie in Abb. 4.4 vorhanden ist.

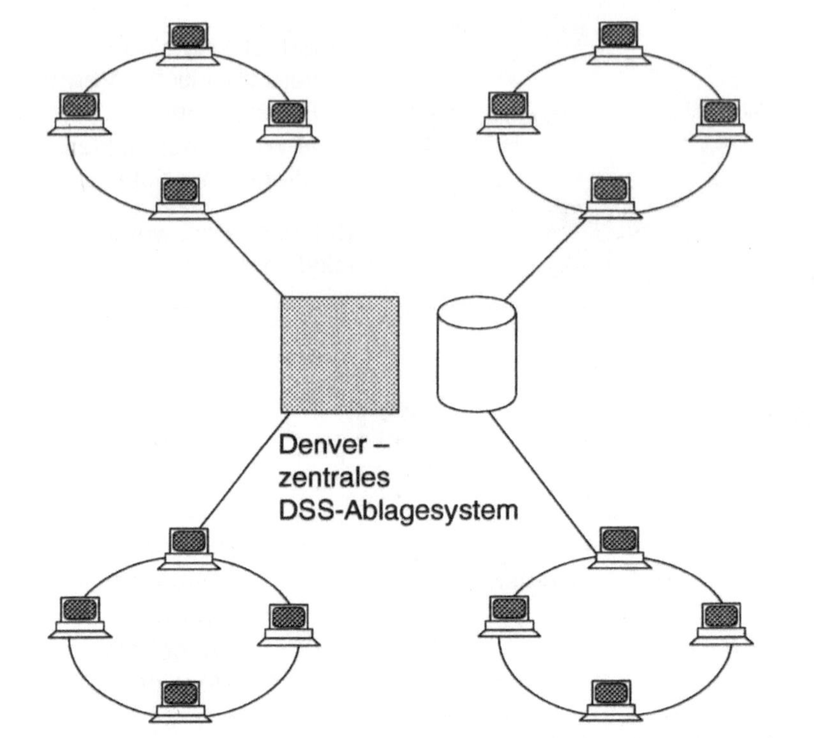

Abb. 4.5 Ein zentrales Ablagesystem.

Dort stellen einige der Knoten die DSS-Komponenten der Zentralen dar Buchhaltung, Marketing, Verkauf usw. Andere Knoten beherbergen das DSS-Ablagesystem, das integrierte historische Daten von Grundstücken, Vertretern, Prospekten usw. enthält.

Die dritte, häufig gewählte Konfiguration, ist das betriebliche Client/Server-Netz und der zentrale, große DSS-Speicher für das DSS-Ablagesystem. Abb. 4.5 zeigt eine mögliche Konfiguration.

In Denver befindet sich ein Zentralspeicher für DSS-Daten. Diese Daten spiegeln das Gesamtbild der Firma wider. Aus diesem zentralen Speicher für Unternehmens-DSS-Daten werden Berichte erstellt wie

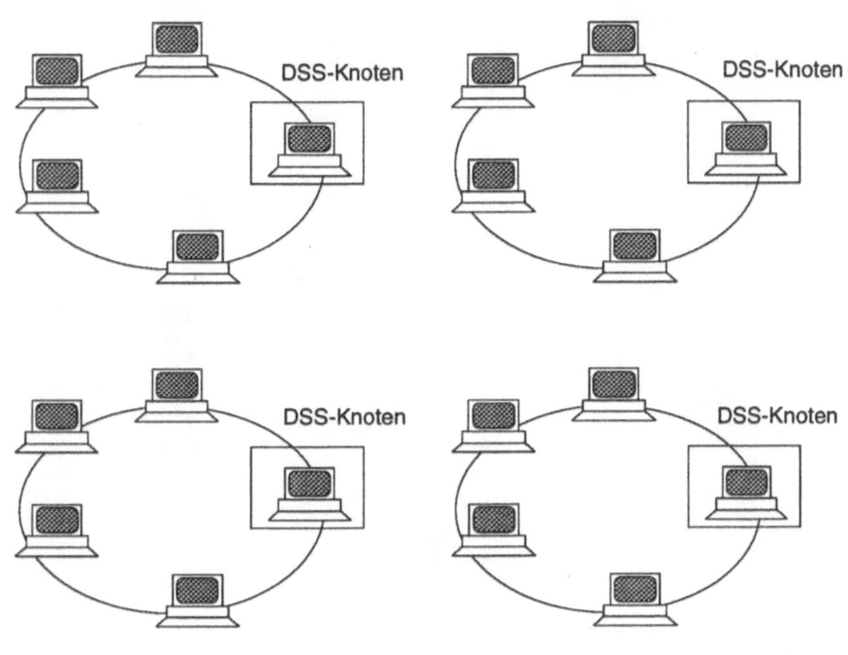

Abb. 4.6 Jedes Client/Server-Netz enthält sein eigenes DSS-Ablagesystem.

- monatliche Listen für die letzten 2 Jahre,
- Anzahl der aktiven Vertreter pro Niederlassung und Monat für das letzte Jahr und
- ein Vergleich, wie lange in den vergangenen 6 Monaten ein Haus in San Francisco und in Chicago am Markt war usw.

Kurz gesagt, liefert das DSS-Ablagesystem eine zeitliche Zusammenfassung der Daten quer durch das Unternehmen. Auf der lokalen Ebene stehen mehrere Client/Server-Netze zur Verfügung, die den tagtäglichen betrieblichen Anforderungen der örtlichen Niederlassungen dienen. Periodisch werden Informationen, abhängig davon, um was für Daten es sich handelt, von der lokalen Client/Server-Ebene in die zentrale DSS-Ebene überspielt.

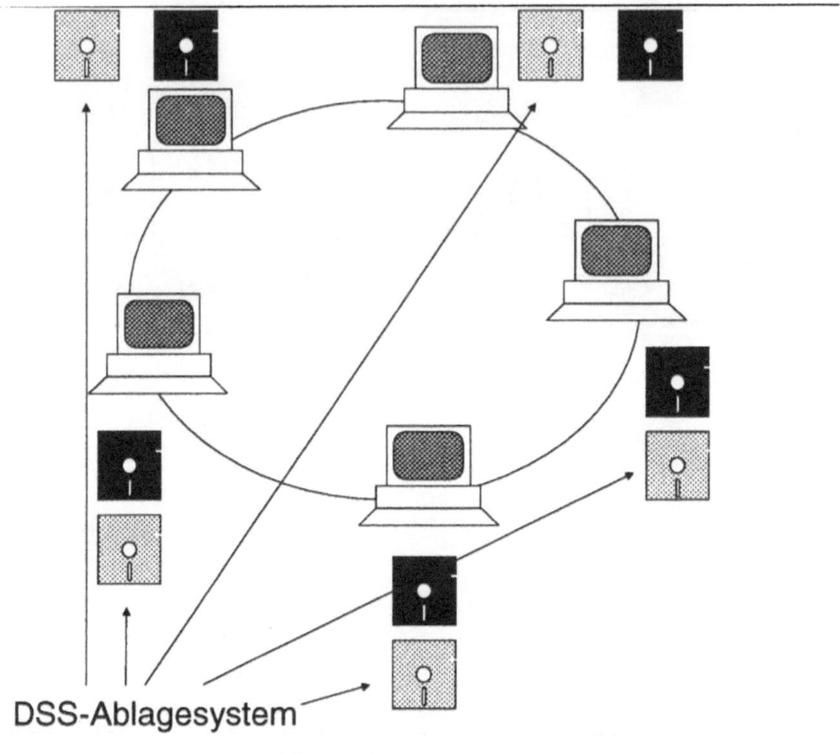

Abb. 4.7 Verteilen des Ablagesystems auf verschiedene Knoten.

Eine letzte Möglichkeit (obwohl sie voller Fallen steckt) wird in Abb. 4.6 wiedergegeben.

Diese 4.6 zeigt, daß jedes lokale Client/Server-Netz der DSS-Verarbeitung einen oder mehrere Knoten zugeordnet hat. Solange die DSS-Analyse nur lokale Dinge betrifft, gibt es bei Abb. 4.6 keine Schwierigkeiten. Jedoch unterstützt die dargestellte Konfiguration keine unternehmensweite DSS-Verarbeitung. Die Fähigkeit, DSS-Verarbeitung auf Unternehmensebene zu betrachten, wird bei der in Abb. 4.7 dargestellten Konfiguration stark beeinträchtigt.

Zusammenfassung

Es gibt viele mögliche Konfigurationen für die Organisierung von betrieblicher und DSS-Verarbeitung in der Client/Server-Umgebung.

Die wichtigsten Konfigurationen sind

- nur betriebliche, keine DSS-Verarbeitung,
- keine betriebliche, nur DSS-Verarbeitung,
- zentralisierte DSS-Verarbeitung, verteilte betriebliche Verarbeitung,
- dezentralisierte DSS-Verarbeitung, verteilte betriebliche Verarbeitung.

Es gibt natürlich andere Konfigurationen, die im wesentlichen Teilmengen der genannten sind. Wie oben beschrieben, hat jede Konfiguration ihre Vor- und Nachteile.

5 Leistung in der Client/Server-Umgebung

Leistung in der Computerumgebung ist seit dem ersten Fortran-Programm eine Kernfrage. In einigen Umgebungen, wie der Online-Transaktions-Verarbeitung, ist Leistung ein entscheidender Faktor. Auch in der Client/Server-Umgebung ist Leistung wichtig, obwohl man sie hier unter anderen Aspekten betrachten muß als in anderen Umgebungen.

Warum ist Leistung in der Client/Server-Umgebung überhaupt ein Thema? Man ist versucht zu argumentieren, daß beim Auftreten von Leistungsproblemen an jedem Knoten ein größerer Rechner installiert werden kann. Dadurch wird eine Leistungssteigerung erreicht, und im ungünstigsten Fall wird die Verarbeitung auf mehrere Knoten aufgeteilt. In einigen Fällen kann eine derartige Aufteilung vorgenommen werden, und eine Leistungssteigerung ist das Ergebnis. Bei Leistung jedoch nur über die Hardware zu reden, ist in der Client/Server-Umgebung, wie in jeder anderen Umgebung, ein schwerer Fehler. Es gibt z.B. eine Grenze für die Größe der Maschine, die man bereit ist, für einen Knoten in einer Client/Server-Umgebung zu kaufen. Außerdem gibt es viele Fälle, in denen das Aufteilen der Arbeitslast auf mehr als einen Knoten zu keiner Erhöhung der Leistung führt.

Wenn die Client/Server-Umgebung keine ausreichende Leistung mehr erbringt, dann kann es geschehen, daß:

- Benutzerzeit vergeudet wird,
- höhere Kosten durch steigende Hardwareausgaben anfallen und
- die Lösung für die Verminderung der Leistungsschwierigkeiten häufig nicht so einfach ist, daß die Anschaffung eines größeren Prozessors oder die Erweiterung des Netzes allein helfen würde.

Symptome für Leistungsprobleme

Es gibt verschiedene Stellen, an denen Leistungsprobleme in der Client/Server-Umgebung auftreten können.

* Netzüberflutung aufgrund zu vieler kurzer Nachrichten, die über das Netz geschickt werden. Dieses Phänomen bildet jedoch nur selten einen Grund für Leistungsprobleme in der Client/Server-Umgebung.

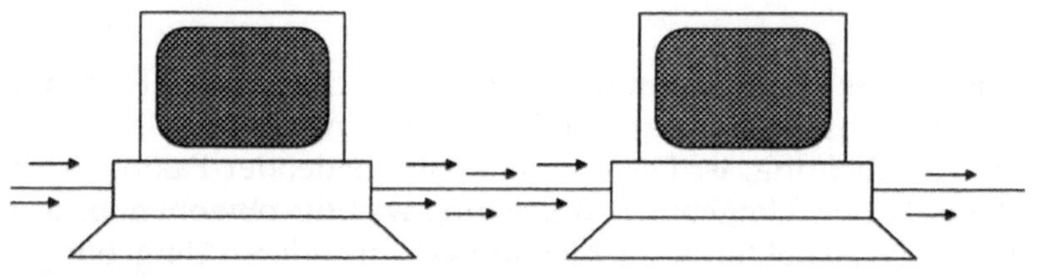

Abb. 5.1 Das Client/Server-Netz wird mit vielen Nachrichten überflutet.

* Netzüberflutung aufgrund der Übertragung vieler langer Nachrichten. Dieses Ereignis tritt wesentlich häufiger auf als das vorgenannte Phänomen.

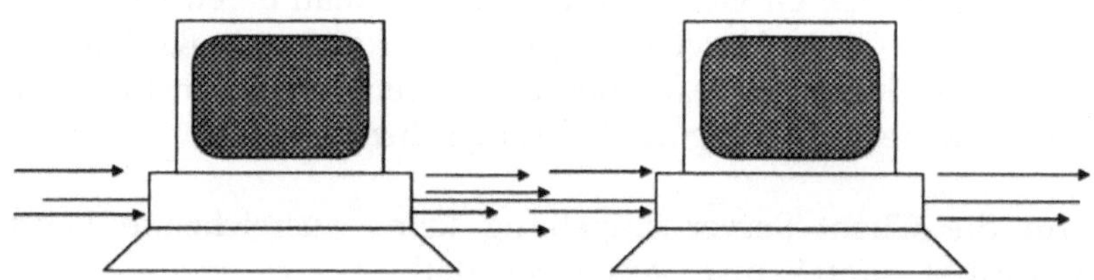

Abb. 5.2 Das Client/Server-Netz wird mit vielen langen Nachrichten überflutet.

- Knotenüberlastung bzw. -blockierung aufgrund massiven Zugriffs auf Daten. Dies ist ohne Zweifel der häufigste Grund für schlechte Leistung.

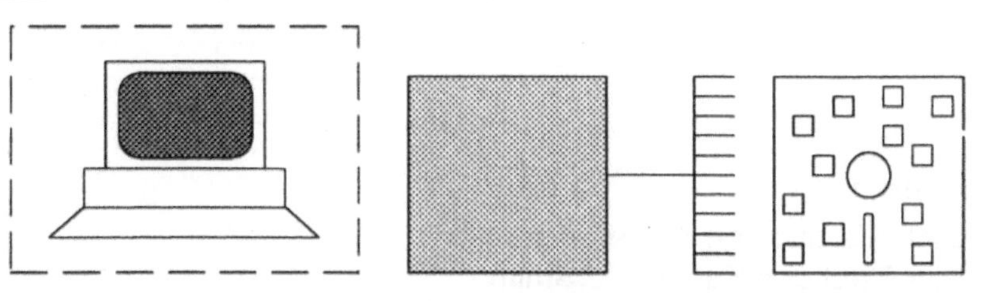

Abb 5.3 Massiver Zugriff auf Daten blockiert den Knoten bei der Datensuche.

Wenn eine Knotenüberlastung auftritt, wird häufig auch ein anderer Effekt spürbar, die „Netzverklemmung". Ein Knoten in einem Netz wird blockiert, wenn der Knoten mit Arbeit derart überlastet wird, daß er nicht mehr in der Lage ist, an ihn geschickte Datenanforderungen zu verarbeiten. Der blockierte Knoten wird zum „schwächsten Glied" im Netz. Abb. 5.4 veranschaulicht einen Knoten, der überbeschäftigt ist, und der seinerseits zur Ursache der Netzverklemmung geworden ist.

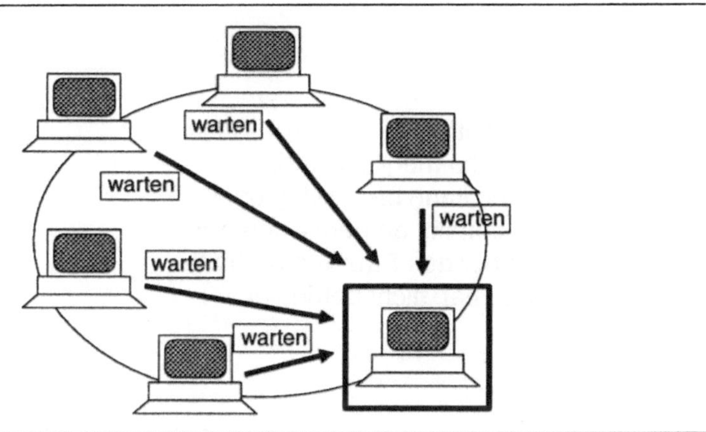

Abb 5.4 Dieser Knoten ist blockiert.

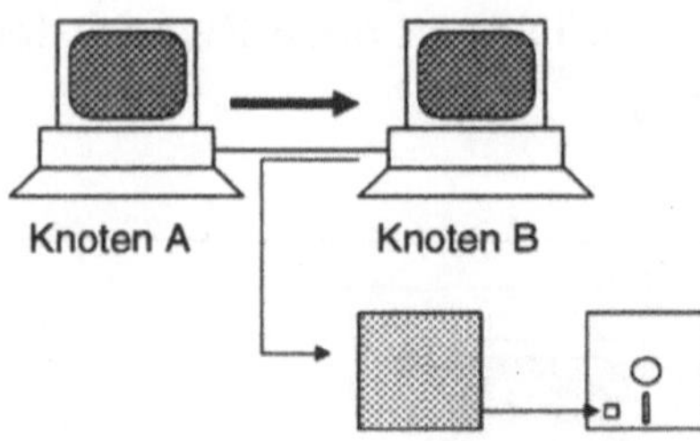

Zeitpunkt n –

Auf Anforderung von Knoten A wird in
Knoten B auf den Satz von J.Smith
zugegriffen, der bis Freitag gesperrt ist.

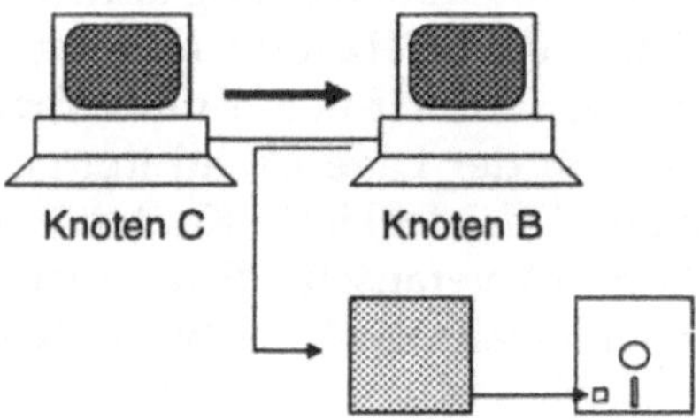

Zeitpunkt n + 1 –

Knoten C benötigt den Satz von J. Smith
und aktualisiert ihn möglicherweise.
Die Anforderung kann bis Freitag oder
bis zu dem Zeitpunkt, an dem Knoten A
die Kontrolle über den Satz von J. Smith
zurückgegeben hat, nicht befriedigt
werden.

Abb. 5.5 Datensperre und Leistung.

- Knotenüberlastung kann auch eine Folge von Datensperre sein. In dem Fall, in dem Daten an einen anderen Knoten zur Aktualisierung übergeben werden können, werden diese Daten solange „gesperrt", bis entweder die für die Daten reservierte Zeit verstrichen ist, oder bis die Daten in aktualisiertem Zustand zurückkehren, wie in Abb. 5.5 dargestellt. Der ursprüngliche Knoten kann zwischenzeitliche Datenzugriffe nicht befriedigen.

In Abb. 5.5 hat ein Knoten Zugriff auf den Satz von J. Smith und Aktualisierungsmöglichkeiten angefordert. Der Zugriff wird gewährt und die Kontrolle bis Freitag übergeben. Später am selben Tag trifft eine Anforderung von einem anderen Knoten für die Daten von J. Smith ein. Die Anforderung kann jedoch im Augenblick nicht bedient werden, da die Kontrolle nicht länger beim speichernden Knoten liegt. Die Anforderung kann nur dann vor Freitag erledigt werden, wenn die Daten und die Kontrolle zum ursprünglichen Knoten zurückkehren. Die Leistung sinkt an dem Knoten ab, der keine Kontrolle mehr über die Daten hat.

Entwicklungsverfahren zur Leistungssteigerung

Welche Möglichkeiten gibt es, diese Leistungsprobleme zu beheben, wenn man bei der Systementwicklung die Organisation möglichst stark einbezieht? Es folgen einige Vorschläge, die bei der Entwicklung berücksichtigt werden sollten.

Programmentwurf

Wenn ein Programm außerhalb des speichernden Knotens Daten anfordert, sollte die Anforderung immer nur für eine beschränkte Datenmenge gelten. Eine Anforderung sehr großer Datenmengen sollte nur erfolgen, wenn es unerläßlich ist.

Wenn Daten außerhalb des speichernden Knotens angefordert werden, sollte der Zeitraum, in denen die Daten gesperrt sind, äußerst kurz bemessen sein. Wenn ein Programm wirklich sehr lange läuft, ist es vorteilhaft, das Programm in mehrere kürzere Programme zu zerlegen. Dies verbessert nicht nur die Leistung, es kann auch beträchtliche Wiederholungszeiten ersparen.

Knotenresidenz

Knotenresidenz, d.h. die Zuordnung von Daten zu Knoten, sollte auf der Basis der Zugriffs- und Aktualisierungswahrscheinlichkeit konzipiert werden. Die an einem Knoten gespeicherten Daten sollten die höchste Zugriffs- und Aktualisierungswahrscheinlichkeit an diesem Knoten haben. Mit anderen Worten: wenn auf Daten an einem bestimmten Knoten häufig zugegriffen werden soll und sie dort häufig aktualisiert werden, gehören Daten in diesen Knotenspeicher.

Datenentwurf

Die Daten sollten in zwei Klassen gruppiert werden: Daten, auf die häufig zugegriffen wird, und Daten, die oft aktualisiert werden. Bei Daten, auf die häufig zugegriffen, die aber nicht oft aktualisiert werden, sollte der interne Entwurf physisch *nicht* „normalisiert" sein (s.u.). Daten, die häufig aktualisiert, aber auf die nicht oft zugegriffen wird, sollten physisch normalisiert sein. Das ganze Thema der „Normalisierung" von Daten geht auf das Thema „E/A" zurück. E/A steht für „Ein/Ausgabe"-Operationen mit anderen Worten: physisches Lesen und Schreiben von Daten. Abb 5.6 veranschaulicht diesen Vorgang.
- Warum spielt die E/A bei der Leistung in der Client/Server-Umgebung eine Rolle? Die E/As sind wichtig, da sie bei wesentlich niedrigeren Geschwindigkeiten ablaufen als die internen Operationen des Com-

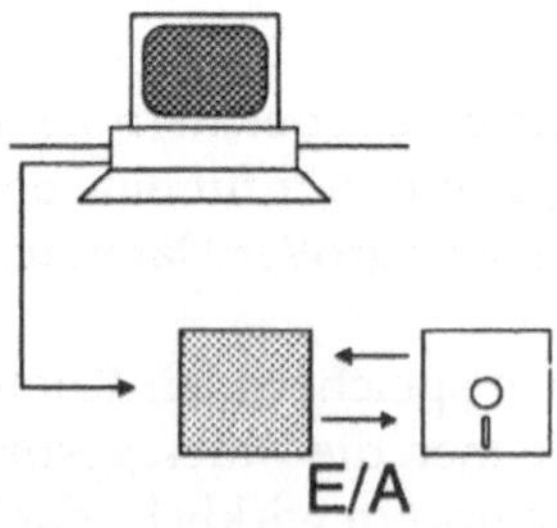

Abb. 5.6 Ein/Ausgabe erfolgt, wenn Daten zwischen Speicher und ausführendem Programm übergeben werden.

puters. Jedesmal, wenn der Computer langsamer werden muß, um eine E/A durchzuführen, wird die Leistung beeinträchtigt. Dies ist besonders nachteilig, wenn das Betriebssytem im Einzelbetrieb läuft, was für die Workstations und PCs in der Client/Server-Umgebung typisch ist. Die Strategie, um hohe Leistung in der Client/Server-Umgebung zu erzielen, lautet daher, so wenig wie möglich E/As durchzuführen. Eine Strategie der E/A-Minimierung zu verwirklichen, ist jedoch keine einfache Aufgabe. Das E/A-Volumen, das eine Anwendung benötigt, ist direkt abhängig vom Entwurf der Datenbank, auf der die Anwendung läuft.

Betrachten Sie zwei Programme, die genau dasselbe tun, wie in Abb. 5.7 dargestellt. Die Programme A und B sind, mit einer Ausnahme, identisch. Die Daten für Programm A sind auf der Platte weit gestreut. Die Daten für Programm B sind an einigen wenigen physischen Plätzen

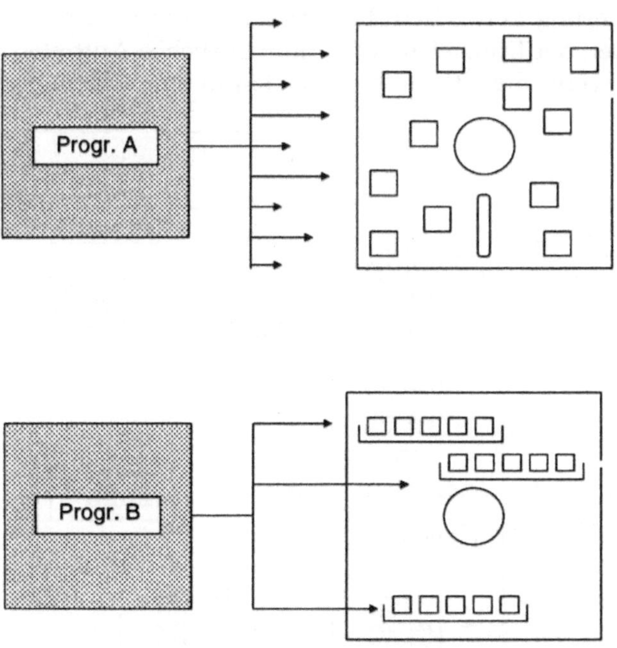

Abb. 5.7 Programm A und Programm B tun daselbe, jedoch sind die Daten, auf die Programm B zugreift, physisch auf kompakte, straff organisierte Weise angeordnet. Programm B arbeitet wesentlich effizienter als Programm A.

der Platte vereinigt. Programm B läuft wesentlich schneller als Programm A, einfach weil Programm B wesentlich weniger E/As durchzuführen braucht als Programm A. Trotzdem führen beide Programme dieselbe Funktion aus.

Man ist nun leicht versucht, sich ausschließlich auf die Datenbank zu konzentrieren, und zu sagen, der Datenbankentwurf für Programm B sei der bessere Entwurf (was ja wirklich der Fall sein kann). Es ist jedoch durchaus möglich, daß der Entwurf, der Programm B so leistungsfähig macht, jedes andere Programm, das auf die Daten zugreift, ineffizient macht. Der optimale Entwurf ist nicht eine Funktion, in der ein oder zwei Programme auf Leistung optimiert werden, sondern eine Funktion der gesamten Arbeitslast.

Ein allgemeines Verfahren für die Datenorganisation beim Datenbankentwurf ist die *Normalisierung* der Daten. Es wurde viel über das Thema Normalisierung und die Verfahren zur Erzielung eines normalisierten Entwurfs geschrieben. Kurz gesagt, organisiert das Verfahren der Normalisierung von Daten die Daten entsprechend dem „natürlichen" Auftreten der Datenelemente. Ein natürliches Auftreten von Daten liegt vor, wenn die Attribute der Daten in einer Tabelle gruppiert

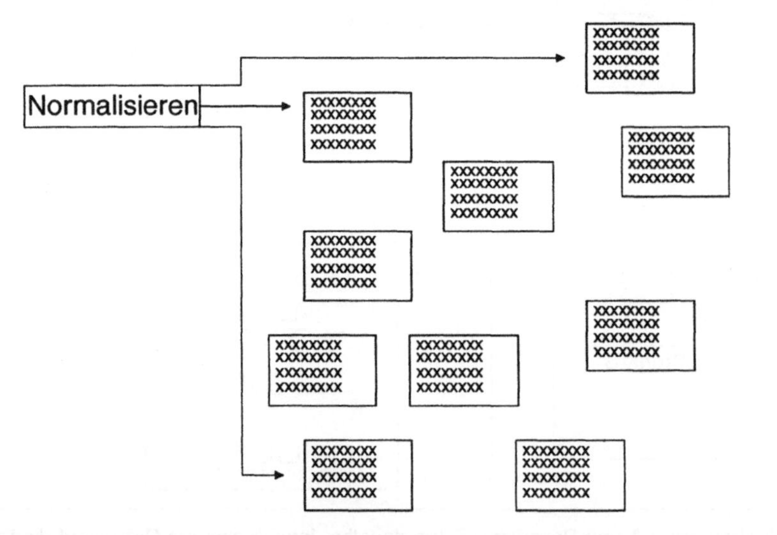

Abb. 5.8 Das Ergebnis der Normalisierung – viele Tabellen mit jeweils geringem Datenvolumen.

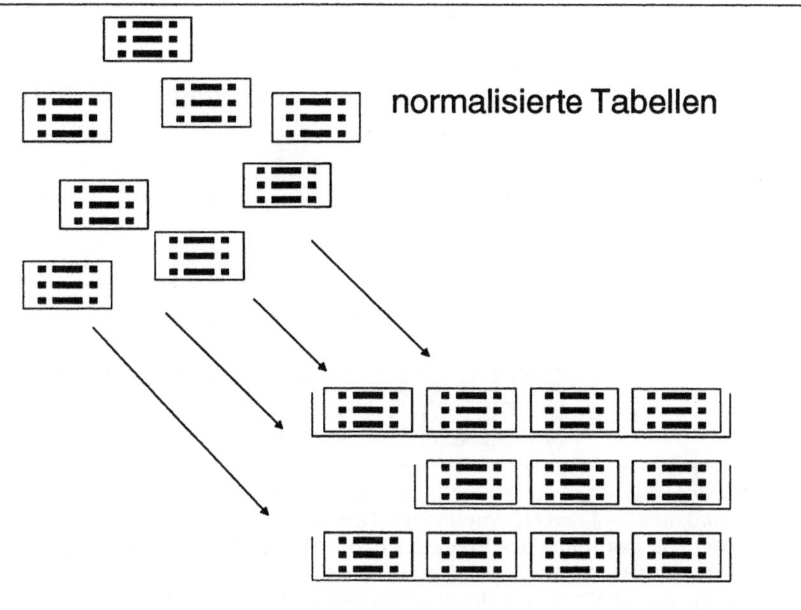

Abb. 5.9 Verdichten von Daten zur Leistungssteigerung.

sind, in der die Existenz aller Attribute vom Schlüssel der Datengruppierung abhängt. Einige Beispiele für die Normalisierung lauten:

Person	**Teil**
Sozialvers.-Nr. (Schlüssel)	Teile-Nr. (Schlüssel)
Alter	Lagervorrat
Größe	Beschreibung
Gewicht	Maßeinheit
Geburtsdatum	
Geschlecht	

In beiden Fällen hängt die Existenz der Attribute direkt vom Schlüssel ab.

Die Normalisierung von Daten bildet eine gute Grundlage für den Datenbankentwurf. Ein Ergebnis des Normalisierungsvorgangs ist je-

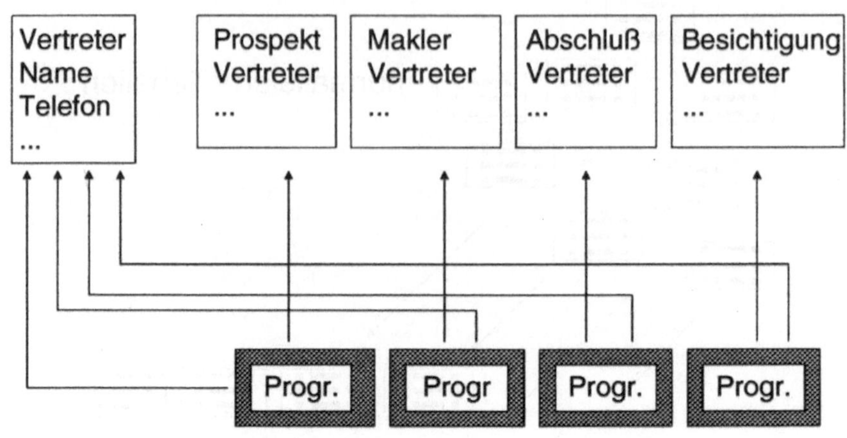

Abb 5.10 Jedesmal, wenn auf Prospekt-, Makler-, Abschluß- und Besichtigungsdaten zugegriffen wird, muß auf den Namen und die Telefonnummer des Vertreters ebenfalls zugegriffen werden. Der Name des Vertreters und seine Telefonnummer sind jedoch an einer anderen Stelle in einer einzigen Tabelle vorhanden. Das Ergebnis ist viel Verarbeitung, um auf allgemeine Daten zuzugreifen, die physisch normalisiert sind.

doch, daß viele Tabellen erzeugt werden, von denen jede einige Attribute enthält, wie in Abb. 5.8 dargestellt. Wenn diese Tabellen unverändert im physischen Datenbankentwurf verwendet werden, dann tritt der bereits beschriebene Effekt häufiger E/As auf. Ein verfeinertes Verfahren ist die Benutzung der normalisierten Tabellen für den „logischen" Datenbankentwurf. Dann wird die Normalform der Daten, wie in Abb. 5.9 dargestellt, aufgrund der Verarbeitungsbedürfnisse der gesamten Anwendung aufgegeben.

Wenn nun die Daten eng verbunden sind, kann man effizient auf sie zugreifen. Das Aufheben der Normalisierung auf der physischen Ebene bedeutet aber nicht, daß es sinnlos ist, die Daten zunächst zu normalisieren. Es gibt vier allgemeine Entwurfsverfahren zur „Entnormalisierung" von Daten:

- Selektives Einbringen redundanter Daten, um unnötige E/A im Augenblick des Zugriffs zu vermeiden,
- Mischen von Tabellen aufgrund gemeinsamer Schlüssel und gemeinsamen Datenzugriffs,
- Erzeugung zeilenweiser Datenfelder und

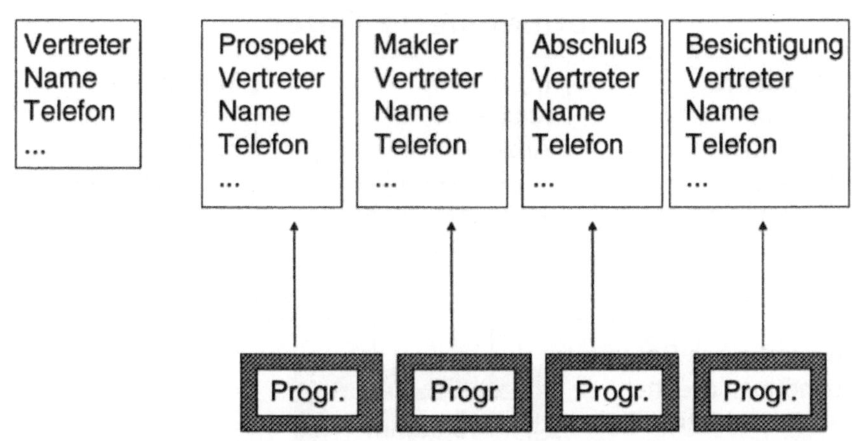

Abb. 5.11 Name und Telefonnummer des Agenten wurden zusammen mit Daten abgelegt, auf die gewöhnlich gemeinsam mit ihnen zugegriffen wird. Als Ergebnis ist die Verarbeitung der vielen Programme, die den Namen und die Telefonnummer des Vertreters benötigen, sehr effizient.

* weitere Trennung von Daten in kleinere Tabellen, wenn sich die Zugriffshäufigkeit der Daten stark unterscheidet.

Woran liegt es, daß selektives Erzeugen redundanter Daten die Leistung in dem Fall verbessern kann, wenn die Daten selten aktualisiert werden? Betrachten wir den Entwurf eines Immobiliensystems. Angenommen, die Daten sind, wie in Abb. 5.10 dargestellt, normalisiert.

In Abb. 5.10 sind der Name und die Telefonnummer eines Vertreters nur an einer Stelle vorhanden. Verweise auf ihn treten in den Systemen auf, die Prospekte, Vermittlungen, Abschlüsse und Angebote verarbeiten. Da die Daten normalisiert sind, erscheinen der Name des Vertreters und seine Telefonnummer nur in der Datei, die sich direkt auf den Vertreter bezieht. Die Folge ist, daß Programme, die Prospekt- und Vermittlungsinformationen verarbeiten, auf die einzige Quelle zugreifen müssen, die Namen und Telefonnummer enthält, was viele E/As nach sich zieht. In einem alternativen Entwurf werden Name und Telefonnummer eines Vertreters dort eingefügt, wo sie zusammen mit anderen Informationen benötigt werden, wie in Abb. 5.11 dargestellt. Solange sich Name und Telefonnummer nicht ändern, gibt es nur wenige Nachteile, wenn man die Daten in dieser Form organisiert. Die Programme,

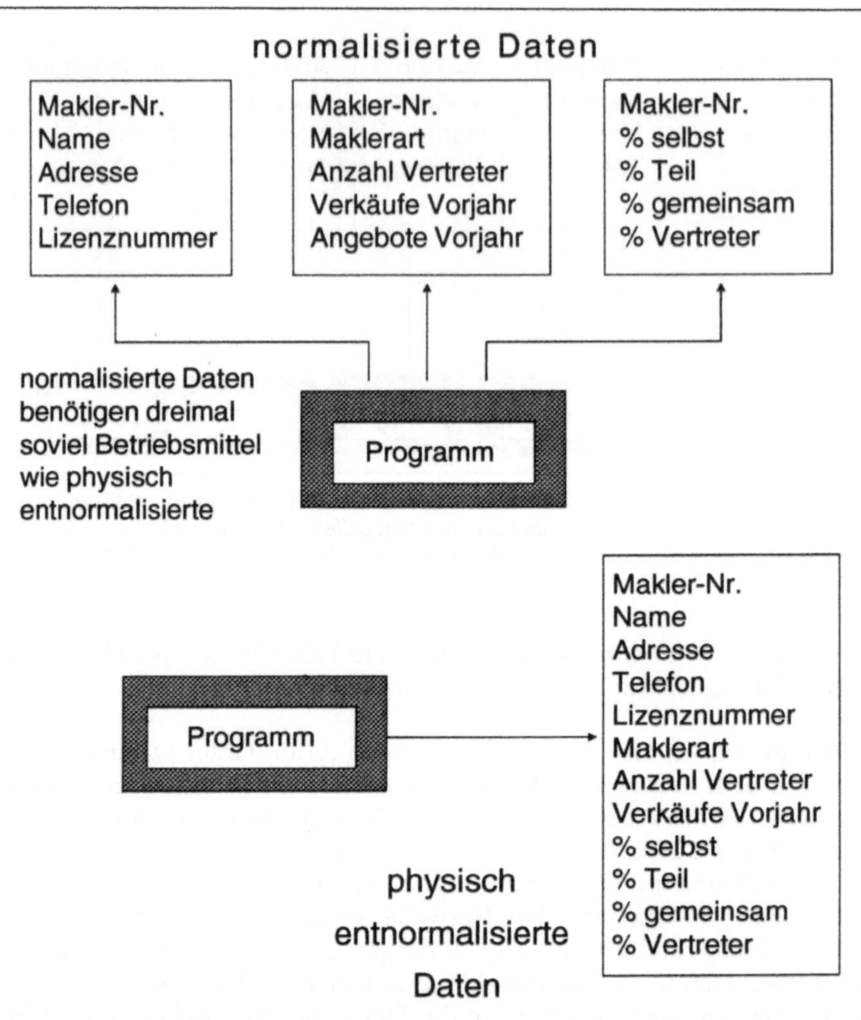

Abb. 5.12 Beispiel für das Verschmelzen von Tabellen, um die Leistung zu erhöhen.

die Prospektinformationen verarbeiten, benötigen z.B. keine E/A, um den Namen und die Telefonnummer des zuständigen Vertreters festzustellen. Selektiv erzeugte redundante Daten sind nicht die einzige Möglichkeit der physischen Entnormalisierung, die nützlich sein kann. Abb. 5.12 zeigt drei Tabellen, die sich auf einen Vermittler beziehen.

Um auf Vermittlerinformationen aus jeder Tabelle zuzugreifen, müssen mehrfach E/As durchgeführt werden. In einem alternativen Entwurf werden die Tabellen zusammengemischt, der Zugriff auf sie ist effizient nur eine einzige E/A ist erforderlich, wo vorher drei benötigt wurden. Die Effektivität dieses Entwurfsverfahrens, bei dem Tabellen zusammengemischt werden, hängt von verschiedenen Faktoren ab:

- Wird auf die Tabellen gemeinsam zugegriffen?
- Besitzen die Tabellen einen gemeinsamen Schlüssel?
- Ergibt es logisch einen Sinn, die Tabellen zusammenzumischen?

Ein drittes Entwurfsverfahren, das für das Erreichen hoher Leistung nützlich ist, besteht aus der Erzeugung von Daten*feldern* innerhalb einer Zeile. Abb. 5.13 zeigt, daß es vier verschiedene Sätze für die Besichtigung eines Hauses gibt. Jedesmal, wenn ein Programm alle Sätze sehen möchte, werden vier E/As benötigt (eine für jeden Satz). Der alternative Entwurf besteht darin, einen einzigen Satz mit vier Positionen für Daten zu erzeugen. In diesem Fall wird nur eine E/A benötigt.

Das Verfahren der Datenfelderstellung muß sorgfältig eingesetzt werden, da es nicht in jedem Fall anwendbar ist. Einige der Kriterien, die für seinen Einsatz sprechen, sind:

- die maximale Anzahl der Felder ist vorhersehbar,
- neue Einträge werden sequentiell eingefügt,
- zu jedem Feld gehören nicht viele Daten,
- auf die Felder wird gemeinsam zugegriffen usw.

Das letzte Standardverfahren zur physischen Entnormalisierung der Daten verlangt sogar noch kleinere Tabellen, wenn ein großer Unterschied in der Zugriffshäufigkeit der Daten besteht. Abb. 5.14 veranschaulicht diese Art physischer Entnormalisierung.

In Abb. 5.14 werden die Attribute eines Bankkontos Saldo, Anschrift und Eröffnungddatum zusammen gruppiert. Der Saldo ist jedoch ein sehr wichtiges Attribut, und es wird häufig auf ihn zugegriffen, während Anschrift und Eröffnungsdatum äußerst selten benutzt werden. Es ist daher sinnvoll, diese Datenattribute in ihre eigenen getrennten Tabellen aufzuteilen. Saldoinformationen kann man in Speichermedien ablegen, auf die man schnell zugreifen kann, während man Anschrift

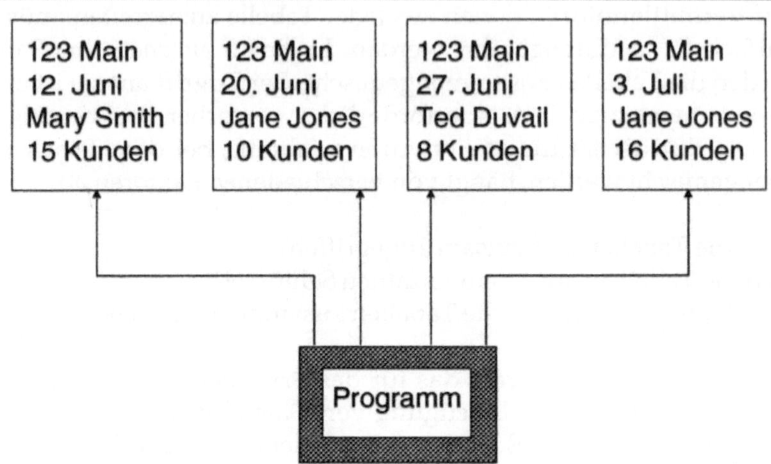

Zugriff auf normalisierte Daten, wobei jede Zeile ein
getrennter physischer Satz ist. Es wird viel E/A benötigt.

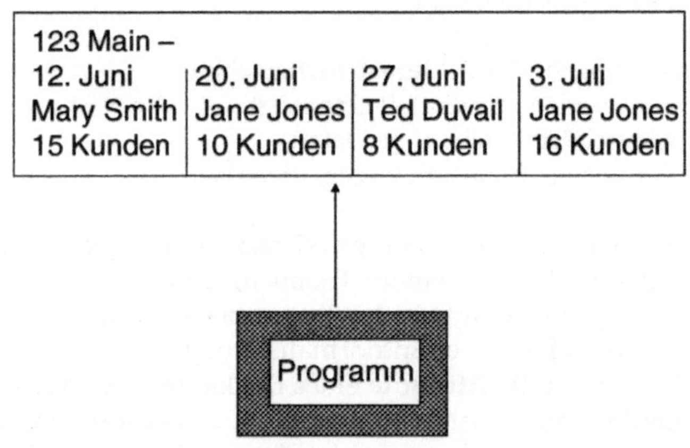

Abb. 5.13 Wenn die Daten vereinigt sind, kann auf sie viel effizienter zugegriffen werden.

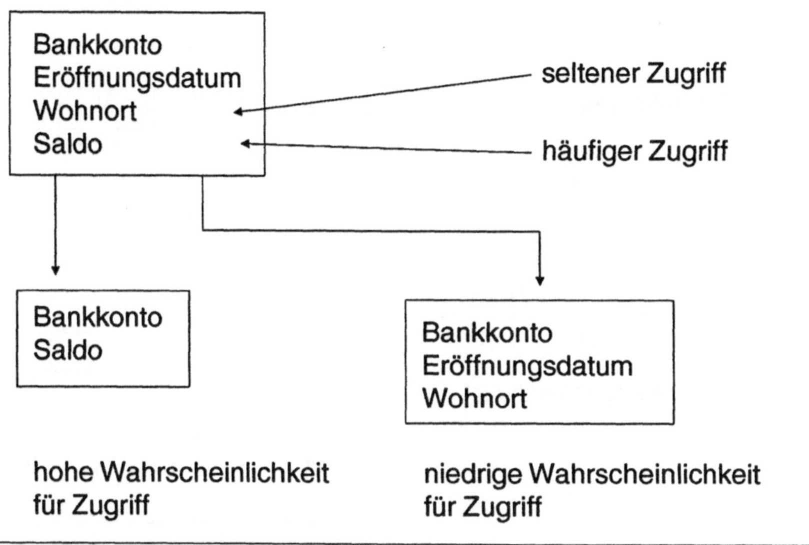

Abb. 5.14 Unterschiedliche Zugriffswahrscheinlichkeiten.

und Eröffnungsdatum weiter entfernt, vielleicht sogar auf Disketten, abgelegen kann.

Für den Fall, daß Daten häufig aktualisiert werden, sollte man die Daten in normalisiertem Zustand belassen. Hierfür gibt es zwei Gründe:

1. Normalisierte Daten sind nicht redundant. Daher betrifft eine Aktualisierung nur eine kleine Datenmenge.
2. Normalisierte Daten teilen sich in kleine Einheiten auf. Während der Aktualisierung wird die Dateneinheit gesperrt. Daher stellt die Sperrung kleiner Einheiten sicher, daß nur minimale Datenmengen gesperrt werden. Der Gesamtablauf des Entwurfs wird in Abb. 5.15 dargestellt.

Ein weiteres nützliches Entwurfsverfahren besteht darin, Daten im voraus zu berechnen, von denen man weiß, daß auf ihr Ergebnis häufig zugegriffen wird. Wenn man z.B. weiß, daß die täglichen Verkaufszahlen häufig berechnet werden müssen und auf sie häufig zugegriffen

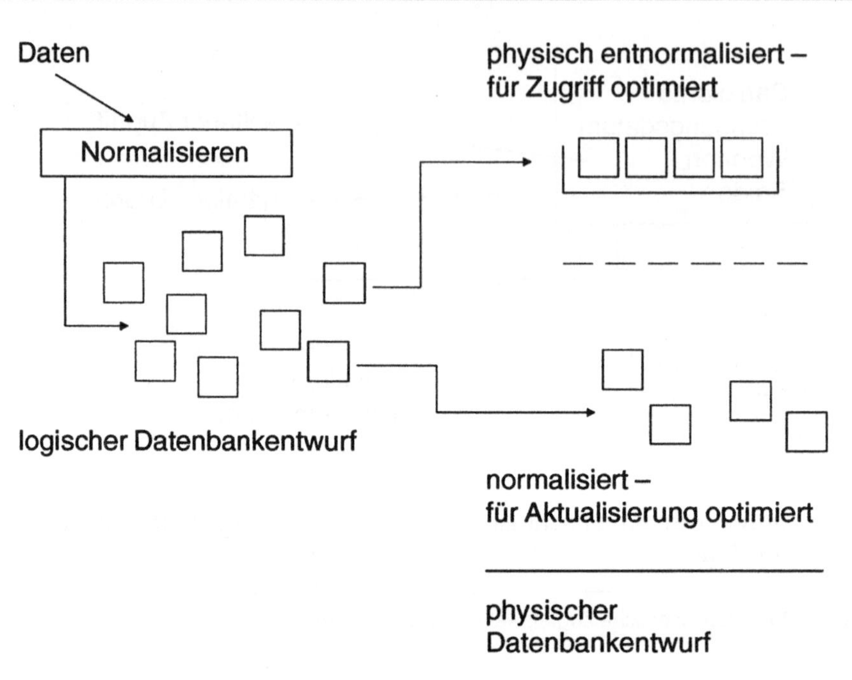

Abb. 5.15 Datenbankentwurfsschritte.

wird, ist es sinnvoll, sie nur einmal zu berechnen und dann dort abzulegen, wo allgemein auf sie zugegriffen werden kann.

Andere Leistungssteigerungsverfahren

Die vorangegangenen Erörterungen haben Entwicklungsverfahren zur Leistungssteigerung beschrieben, die in der Client/Server-Umgebung berücksichtigt werden müssen. Diese Verfahren und Richtlinien werden den Organisationen dringend empfohlen, welche Leistungssteigerungen erzielen wollen. Die Möglichkeiten der Leistungssteigerung sind damit aber noch nicht ausgeschöpft. Ein weiteres, unbedingt notwendiges Verfahren ist, die Daten auf der Festplatte periodisch zu reorganisieren. Die Daten auf der Festplatte werden gewöhnlich schnell speichertechnisch zergliedert. Die Daten liegen dann in verschiedenen Blöcken oder Sektoren der Festplatte, d.h. es sind mehrere E/A-Vorgänge für einen Zugriff erforderlich. Aus diesem Grund sollte die Festplatte periodisch reorganisiert werden.

Zusammenfassung

Die Entwurfverfahren, welche die Leistung in der Client/Server-Umgebung entscheidend verbessern, sind:

- richtige Festlegung der Knotenresidenz,
- Aufstocken der Betriebsmittel bei Bedarf,
- Erzeugen vieler kleiner Datenanforderungen anstatt weniger großer Datenanforderungen,
- Vermeiden massiven Knotenzugriffs auf Daten oder Aufteilen massiven Zugriffs in eine Reihe kleiner Zugriffe,
- Normalisieren der Daten, die vorwiegend aktualisiert werden,
- Normalisieren und anschließendes Entnormalisieren der Daten, auf die vorwiegend zugegriffen wird.

6 Metadaten und die Client/Server-Umgebung

> Betreibe Du Dein Geschäft; aber laß Dich nicht von ihm treiben.
>
> Benjamin Franklin (17061790)

Metadaten

Metadaten sind Daten über Daten. Metadaten beschreiben typischerweise, sei es benutzerdefiniert oder durch Voreinstellung, Dinge wie Datenstrukturen, physische Eigenschaften von Attributen, Größe von Attributen usw. Metadaten beschreiben den Inhalt und die Struktur von Daten, die es den Programmen ermöglichen, Daten zu verarbeiten oder auf sie zuzugreifen, wie in Abb. 6.1 dargestellt.

Ein einfaches Beispiel einer Form von Metadaten ist in Abb. 6.2 wiedergegeben.

Abb. 6.2 zeigt die Beschreibung des Layouts in einem COBOL-ähnlichen Format. Das Dateilayout ist für Teile in einem Lager bestimmt und enthält Felder wie Teile-Nr., Beschreibung, Bestand usw. Die Gruppierung, Struktur und physischen Eigenschaften der Daten werden ebenfalls wiedergegeben. Die Dynamik, mit der Metadaten bei der Programmausführung eingesetzt werden, wird in Abb. 6.3 veranschaulicht.

Es besteht eine Anforderung, auf Daten zuzugreifen. Der Speicherplatz der Daten wird ermittelt, gewöhnlich durch Zugriff auf einen Index. Der Index wird lokalisiert und die Ausgangsdaten werden gefunden. Im nächsten Schritt werden die Metadaten, die einer Schablone ähnlich sind, über die Ausgangsdaten gelegt. Nun können die Aus-

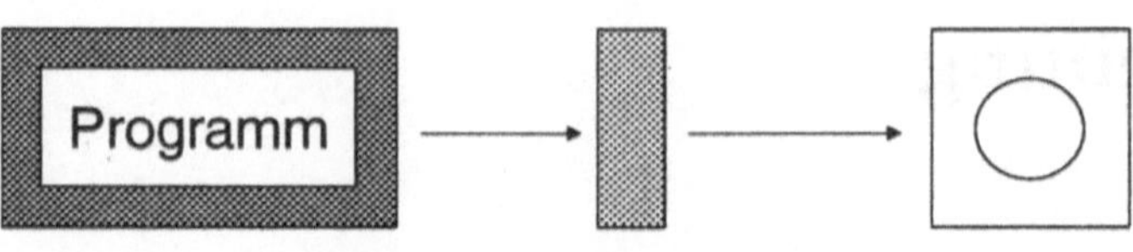

Abb. 6.1 Metadaten – Filtern, Übersetzen von Anforderungen von Programm in Daten und umgekehrt.

```
01 teile_datei
   02 teil_nr              char(16),
   02 teil_beschr          char(30),
   02 vorrat               pic '99999',
   02 einheitsmass         char(1),
   02 letzt_loesch_dat     pic '999999',
   02 zeichn_anal          char(2),
   02 lagerpl              char(1),
   . . . . . . . . . . . . . . . . .     . . . . . . . . . . . . . . . . .

   . . . . . . . . . . . . . . . . .     . . . . . . . . . . . . . . . . .
```

Abb. 6.2 Ein einfaches Beispiel für Metadaten.

gangsdaten interpretiert werden. An dieser Stelle werden die Daten als „Satz" oder „Zeile" (oder in der Speicherform, die der Programmierer gewohnt ist) an den Programmierer zurückgegeben.

Metadaten waren schon immer in der einen oder anderen Form vorhanden, solange es Computer gibt. Obwohl Metadaten lange Jahre ein passiver „Hintergrund"-Gegenstand waren, erhalten sie neue Bedeutung in der Client/Server-Umgebung. Es ist die Kontrolle der Metadaten, welche die Client/Server-Umgebung zusammenhält. Ohne eine diziplinierte Einstellung zu Metadaten kann ein Knoten sich nicht mit anderen verständigen und mit ihm zusammenarbeiten, sei es für „un-

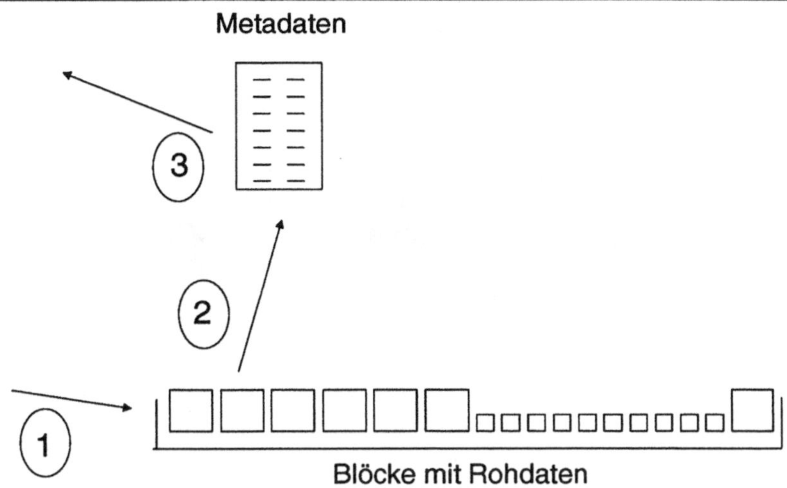

1 – die Rohdaten werden gesucht

2 – die Schablone – die Metadaten – wird über die Rohdaten gelegt

3 – der „Satz" – einschließlich Rohdaten und ihrer Interpretation – wird an den Programmierer zurückgegeben

Abb. 6.3 Speichern der Metadaten sowie der Daten.

ternehmensweite" Client/Server-Daten oder für knotenautonome Daten, die zufällig von einem anderen Knoten benötigt werden.

Metadaten sind also eine äußerst wichtige Komponente der Client/-Server-Umgebung. Ihre Rolle wird in Abb. 6.4 veranschaulicht.

Hier gibt es eine gemeinsame Definition der Datenstruktur über die verschiedenen Knoten hinweg. Natürlich unterscheidet sich der Inhalt der Daten, zumindest soweit das Ablagesystem betroffen ist, von Knoten zu Knoten. Aber die Struktur der Daten bleibt über die Knoten hinweg konsistent. Aus diesem Grund ist der für einen Knoten geschriebene Code an anderen Knoten anwendbar und voll einsatzfähig, wie in Abb. 6.5 gezeigt.

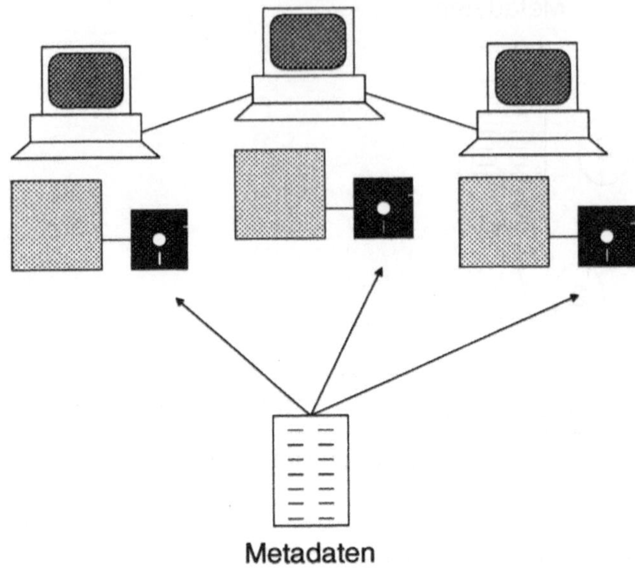

Abb. 6.4 Gemeinsame Beschreibung der Metadaten – der Schlüssel für die Kontrolle der Metadaten.

Wenn keine Kontrolle und keine Disziplin bei den Metadaten innerhalb der Client/Server-Umgebung vorhanden wäre, hätte jeder Knoten innerhalb kürzester Zeit seine eigene Datenstruktur, und als Folge davon hat jeder Knoten seinen eigenen, auf ihn zugeschnittenen Code. Das Ergebnis ist das reine Chaos.

Zentrale Ablage

Um Disziplin innerhalb der Client/Server-Umgebung herzustellen und zu bewahren, ist eine gemeinsame oder zentrale Ablage der Metadaten erforderlich.

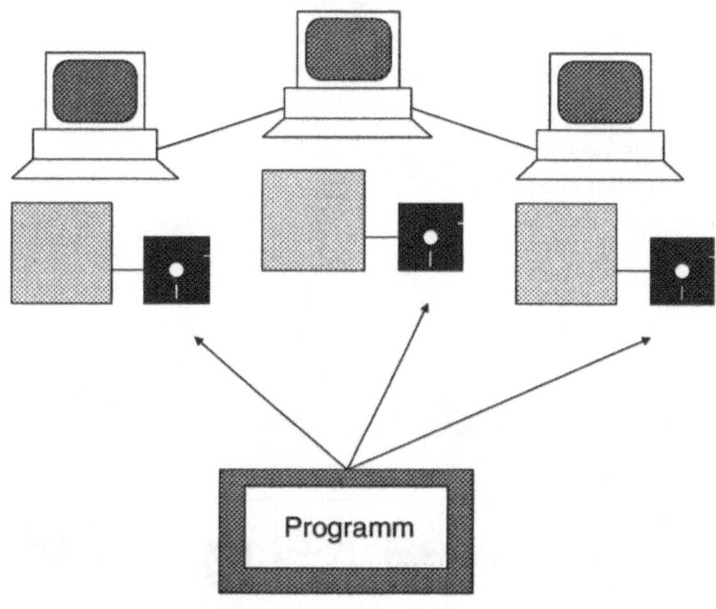

Abb. 6.5 Bei konsistenter Definition der Daten kann dasselbe Programm für mehrere Knoten eingesetzt werden.

Der zentrale Speicher sollte enthalten:

* Informationen über das Ablagesystem, sowohl das betriebliche als auch das DSS-Ablagesystem
* Datenlayout einschließlich
    Schlüsseln
    Attributen
    physischen Eigenschaften
    Struktur der Attribute
    Beziehungen zwischen den Datenstrukturen
    Maßeinheiten der Attribute
    Verschlüsselungs/Entschlüsselungsinformationen
    Datenverdichtungsinformationen
    Voreinstellungen

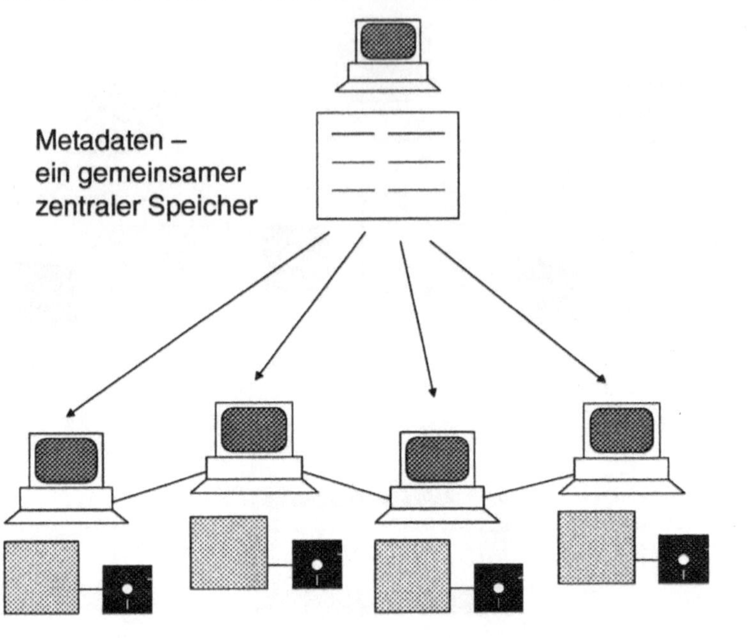

Abb. 6.6 Verwalten des Netzes.

- für das DSS-Ablagesystem
  Grunddaten
  Ausblendinformationen
  Integrationsinformationen
  Übernahmekriterien für aktuelle Daten in DSS-Ablage
  Granularität, Komprimierungsbeziehungen und Löschkriterien.

Es ist nicht nur von Interesse, was in den Metadatenspeicher abgelegt wird, sondern auch, was nicht. Im allgemeinen kommen folgende Informationen nicht in den zentralen Metadatenspeicher:

- analytische DSS-Metadaten über Daten, die aus dem DSS-Ablagesystem gewonnen wurden,
- Metadaten über Zwischendatei.

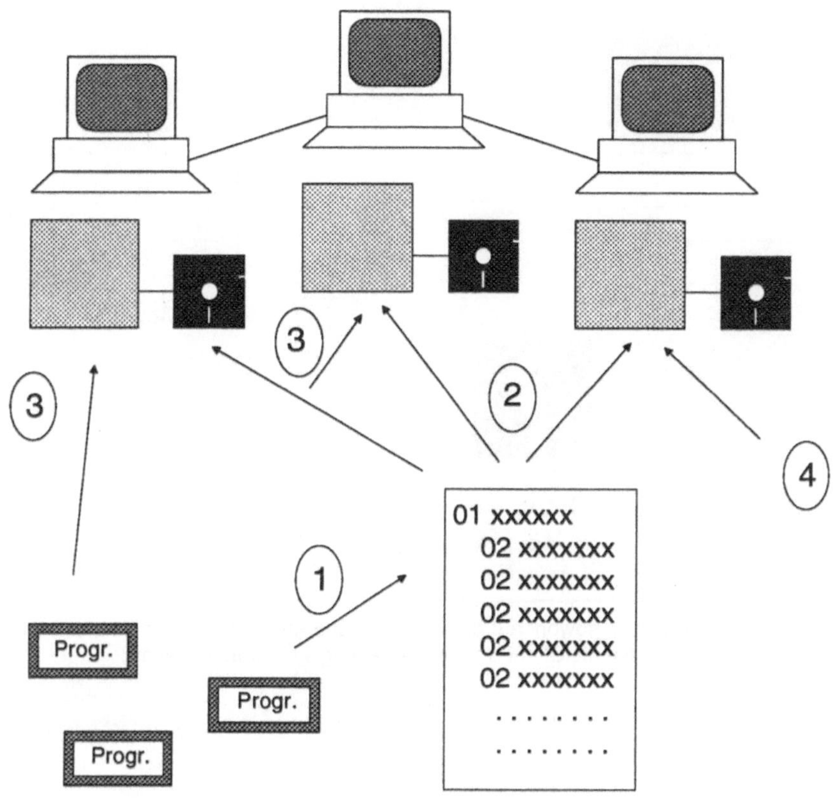

1 – zum Zeitpunkt n werden Datendefinitionen geändert
2 – zum Zeitpunkt n + 1 werden Programm und
     Datenänderungen zu den Knoten geschickt
3 – zum Zeitpunkt n + 2 werden Programm und
     Datenänderungen selektiv implementiert
4 – zum Zeitpunkt n + 3 sind Programm und
     Datenänderungen nicht implementiert

Abb. 6.7 Das Client/Server-Netz ist außer Takt geraten.

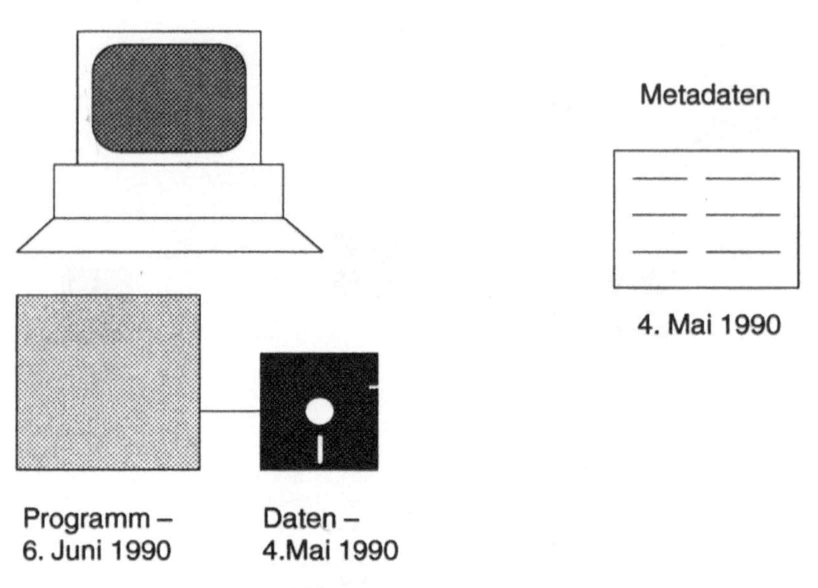

Abb 6.8 Zeitmarkierungen sowohl auf der Knotenebene als auch auf der Ebene der Metadaten ist erforderlich, um die Client/Server-Umgebung synchron zu halten.

Einer der Hauptpunkte bezüglich des Einsatzes von Metadaten ist ihre Verfügbarkeit. Als Faustregel gilt, je verfügbarer die Metadaten sind, um so besser. Die einzige echte Einschränkung betrifft das Ändern von Metadaten, wobei eine äußerst strikte Disziplin eingehalten werden muß.

Die Verwaltung der Metadaten ist eine Unternehmensfunktion, eine Funktion die sich auf alle Knoten erstreckt. Gewöhnlich wird der Datenbankadministrator mit der Verwaltung der Metadaten betraut. Einer der wichtigsten Punkte im Zusammenhang mit Metadaten ist die Kontrolle von Änderungen. Um effektiv zu sein, muß die Änderungskontrolle – und zwar nicht nur der Daten, sondern auch der Programme – ständig und im gesamten Netz synchron geführt werden. Abb. 6.7 veranschaulicht die Schwierigkeiten bei der Änderungskontrolle.

In Abb. 6.7 wurden Änderungen an Programmen und Daten vorgenommen. Einige der Programm- und Datenänderungen wurden auf Knotenebene durchgeführt, andere nicht. In dem Augenblick, in dem ein Teil des Netzes ein Programm in einem anderen Status betrachtet als das übrige Netz, ist das gesamte Netz aus dem Takt. Ein gutes Verfahren, Schwierigkeiten zu minimieren (oder zumindest der Umgebung beim Versuch zu helfen, im Takt zu bleiben) ist, die Programme und Daten sowohl auf Knotenebene als auch auf Metadatenebene zeitlich zu markieren, wie in Abb. 6.8 dargestellt.

Zusammenfassung

Metadaten sind Daten über Daten. Sie sind ein wesentlicher Teil des für die Client/Server-Umgebung benötigten Kontrollmechanismus. Um Unternehmensdaten, Daten und Programme zu kontrollieren, muß eine zentrale Ablage von Metadaten durchgeführt werden. Da Knoten dazu neigen, außer Takt zu geraten, ist es vorteilhaft, eine Zeitmarke für Programme und Daten sowohl auf Knotenebene als auch auf der zentralen Ablageebene einzuführen.

7 Eine Client/Server-Entwicklungs-methode

Entwicklungsmethoden üben einen allgemeinen Reiz aus. Da sie sich
an den Intellekt wenden, erwecken Methoden den Eindruck, als ob sie
dem Entwickler einen praktischen Weg zeigen, der vorgibt, in welcher
Reihenfolge und wie lange etwas getan werden muß. Generell ist die
Begeisterung für Methoden jedoch einer Enttäuschung bei der
Implementierung gewichen. Methoden hatten – was die Client/Server-
Umgebung oder jede andere Umgebung betrifft – einen schlechten Ruf.

Warum haben Methoden im allgemeinen die in sie gesetzten Erwar-
tungen nicht erfüllt? Hierfür gibt es eine Fülle von Gründen:

- Methoden zeigen im allgemeinen einen geradlinigen, linearen Ablauf
  der Aktivitäten. In Wirklichkeit benötigt jedoch fast jede Methode eine Durchführung in Form von Iterationen. Anders ausgedrückt, ist es
  völlig normal, zwei oder drei Schritte durchzuführen, anzuhalten und
  einen Teil oder alle Schritte zu wiederholen. Im allgemeinen weisen
  Methoden keine Iterationen der Aktivitäten auf.
- In Methoden treten Aktivitäten nur einmal auf. Tatsächlich brauchen
  einige Aktivitäten nur einmal ausgeführt zu werden, um erfolgreich
  zu sein. Andere Aktivitäten werden jedoch aus verschiedenen Gründen wiederholt durchgeführt.
- Methoden zeigen im allgemeinen eine vorgeschriebene Menge von
  Aktivitäten, die durchgeführt werden muß. Häufig müssen einige der
  Aktivitäten überhaupt nicht durchgeführt werden, während andere
  durchzuführende Aktivitäten nicht als Teil der Methode erscheinen.
- Methoden zeigen häufig, wie etwas durchgeführt wird, jedoch nicht,
  was getan werden soll. Bei der Beschreibung, wie etwas getan wird,

geht die Wirksamkeit der Methode durch zu viele Einzelheiten verloren.

- Methoden machen häufig keinen Unterschied beim Umfang der mit ihnen zu entwickelnden Systeme. Einige Systeme sind so klein, daß eine genaue Methode keinen Sinn ergibt. Einige haben genau die richtige Größe für eine Methode. Andere Systeme sind so groß, daß allein ihre Größe und Komplexität die Methode überfordert.
- Methoden vermischen oft Angelegenheiten des Projektmanagements mit den durchzuführenden Aktivitäten. Normalerweise sollten Projektmanagementaktivitäten von Methodenbelangen getrennt gehalten werden.
- Methoden unterscheiden häufig nicht zwischen Betriebsdaten- und DSS-Verarbeitung. Der Systementwicklungsablauf ist jedoch bei Betriebsdaten- und DSS-Verarbeitung genau entgegengesetzt. Um erfolgreich zu sein, muß zwischen Betriebsdaten- und DSS-Verarbeitung unterschieden werden.
- Methoden enthalten häufig keine Kontroll- und Haltepunkte für den Fehlerfall. „Welches ist der nächste Schritt, falls der vorhergehende nicht richtig ausgeführt wurde?" ist gewöhnlich kein üblicher Teil einer Methode.
- Methoden werden häufig als Lösungen verkauft, nicht als Werkzeuge. Dadurch wird von der Methode unumgänglich erwartet, daß sie ein klares Urteil und den gesunden Menschenverstand ersetzt, was immer ein Fehler ist.

Trotz dieser Einschränkungen haben Methoden jedoch ihren Reiz. Mit klarer Einsicht in die Fallstricke von Methoden entwickeln wir eine allgemeine Methode, die auf die Client/Server-Umgebung anwendbar ist. Sie verdankt viel ihren frühen Vorgängern. Eine wesentlich vollständigere Untersuchung der beschriebenen Schwierigkeiten und Verfahren finden Sie in der Bibliographie dieses Buches.

Eine philosophische Bemerkung

In gewisser Hinsicht ist die beste bekannte Methode das Leistungsabzeichensystem der Pfadfinder. Das Leistungsabzeichensystem wird benutzt, um festzustellen, wann ein Pfadfinder bereit ist, in die nächste Stufe aufzurücken. Das Leistungsabzeichensystem hat sich mit der Zeit bewährt. Es gilt für Jungen und Mädchen aus Stadt und Land, sowohl für sportlich wie geistig interessierte Kinder. Es gilt für Kinder im Südwesten, in Kalifornien, Nordosten und Florida. Kurz gesagt, das Leistungsabzeichensystem ist eine allgemeine Methode für die Leistungsmessung. Gibt es ein Geheimnis bei der Leistungsabzeichenmethodik? Falls es eines gibt, dann folgendes: Die Leistungsabzeichenmethode beschreibt nicht, wie man eine Aktivität vollbringt, sie beschreibt lediglich, was getan werden muß. Das „wie" ist Sache des Pfadfinders. Philosophisch betrachtet, erfolgt der Zugang zu der in diesem Kapitel zu beschreibenden Methode unter demselben Blickwinkel. Die Ergebnisse dessen, was getan werden muß, werden beschrieben. Was erforderlich ist, diese Ergebnisse zu erzielen, wird ausschließlich dem Entwickler überlassen.

Methode für betriebliche Systeme und Verarbeitung

Zunächst wird eine Methode für betriebliche Systeme und Verarbeitung beschrieben. Dann wird eine Methode für DSS-Systeme und -Verarbeitung beschrieben. Beachten Sie, daß *keine* Methode für knotenautonome Entwicklung beschrieben wird. Die behandelten Methoden gelten ausschließlich für unternehmensweite Client/Server-Daten und -Verarbeitung. Abb. 7.1 stellt die allgemeinen Schritte grafisch dar, die durchgeführt werden, um eine unternehmensweite betriebliche Client/Server-Architektur zu entwickeln.

DEF1 – Anfangsaktivitäten eines Projekts

(DEF = Definitionsphase)

- *Interviews.* Das Ergebnis der Interviews ist die grobe Beschreibung dessen, was das System tun soll, und gibt im allgemeinen die Meinung des mittleren Managements wieder. Das Format des Ergebnisses ist völlig frei. Als Regel gilt, daß das bei Interviews abgedeckte Gebiet nicht umfassend ist.

- *Datensammlung.* Das Ergebnis dieser Aktivität kann aus vielen Quellen stammen. Im allgemeinen werden hier detaillierte Anforderungen gesammelt, die anderswo nicht aufgeführt sind. Durch diese formatfreie Aktivität werden noch bestehende Lücken im Anforderungskatalog geschlossen.
- *JAD* (Joint Application Design = Gemeinsamer Anwendungsentwurf). Das Ergebnis dieser Tätigkeit(en) ist die Zusammenfassung von Gruppen-"Brainstorming". Ein großer Vorteil einer Anforderungsformulierung in einer JAD-Sitzung ist die Spontanität, der Ideenfluß und die kritische Masse, die sich dadurch ergibt, daß verschiedene Leute im selben Raum zusammensitzen und sich auf ein gemeinsames Ziel konzentrieren. Das Ergebnis einer oder mehrerer JAD-Sitzungen ist eine formalisierte Menge von Anforderungen, die gemeinsam die Bedürfnisse der Endbenutzer darstellen.
- *Analyse des strategischen Geschäftsplanes.* Wenn die Firma einen strategischen Geschäftsplan besitzt, ist es sinnvoll, darüber nachzudenken, in welcher Beziehung der strategische Geschäftsplan zu den Anforderungen des zu entwickelnden Systems steht. Der Einfluß des strategischen Geschäftsplans kann sich auf vielerlei Weise niederschlagen – durch Aufstellen von Wachstumszahlen, durch Feststellen neuer Geschäftszweige, durch Beschreibung organisatorischer Änderungen usw. Sämtliche dieser und weitere Faktoren formen die Anforderungen des aufzubauenden Systems.
- *Vorhandene Systeme formen die Anforderungen für ein neues System grundlegend.* Falls bereits verwandte, vorhandene Systeme aufgebaut wurden, muß zumindest die Schnittstelle zwischen den neuen Anforderungen und den vorhandenen Systemen bestimmt werden. Umwandlung, Substitution, Parallelbetrieb usw. sind ähnliche Themen. Das Ergebnis dieser Aktivität ist eine Beschreibung des Einflusses vorhandener Systeme auf die Anforderung für das zu entwickelnde System.

DEF2 – Ordnen, Phaseneinteilung

Wenn die allgemeinen Anforderungen gesammelt sind, ist der nächste Schritt, sie zu ordnen und die Entwicklung in Phasen einzuteilen. Wenn das zu entwickelnde System groß ist, ist es sinnvoll, es in kleine, über-

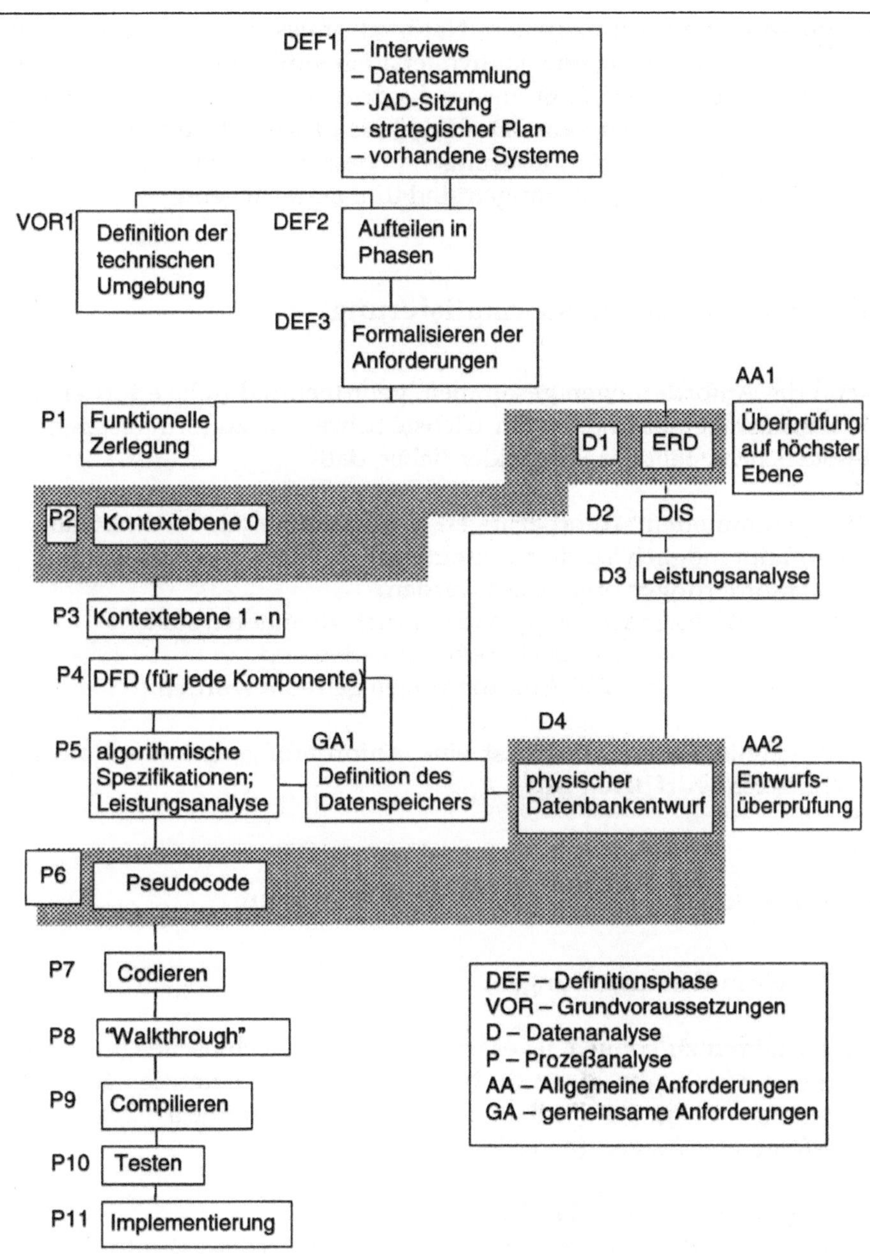

Abb. 7.1 Entwicklung der betrieblichen Client/Server-Architektur.

schaubare Einheiten aufzuteilen. Natürlich müssen die verschiedenen Entwicklungsphasen in einer sinnvollen Reihenfolge organisiert sein, so daß die zweite Phase auf der ersten, die dritte Phase auf der ersten und zweiten usw. aufbauen kann. Das Ergebnis dieses Schritts ist das Aufteilen der allgemeinen Anforderungen in besser überschaubare Phasen, vorausgesetzt, die Anforderungen sind umfangreich genug.

DEF3 – Anforderungsformalisierung

Wenn die Anforderungen gesammelt, geordnet und (falls erforderlich) in Phasen eingeteilt sind, ist der nächste Schritt, sie zu formalisieren. In diesem Schritt stellt der Entwickler sicher, daß

- die gesammelten Anforderungen vollständig sind, insoweit als es überhaupt möglich ist, sie zu sammeln,
- die Anforderungen organisiert werden,
- die Anforderungen nicht im Widerspruch zu anderen stehen,
- die Anforderungen sich nicht überschneiden und
- Betriebsdaten- und DSS-Anforderungen getrennt wurden.

Das Ergebnis dieses Schritts ist eine Anforderungsdefinition, die für den Einzelentwurf bereit ist.

VOR1 – Technische Umgebungsdefinition

(VOR = Grundvoraussetzungen)

Um fortfahren zu können, ist es erforderlich, die technische Umgebung zu definieren. Ab diesem Punkt hängen bestimmte Entwicklungselemente von der Festlegung technischer Ecksteine ab. Zumindest sollte folgendes festgelegt werden:

- die zu benutzende(n) Hardwareplattform(en)
- das/die an jedem Knoten zu benutzende(n) Betriebssystem(e)
- das/die zu benutzende(n) Datenbankmanagementsystem(e)

- die zu benutzende Netzwerksoftware
- die bei der Entwicklung zu benutzende(n) Sprache(n)

Zusätzlich zu der Definition, welche Hardware, Software und welches Netz benutzt werden sollen, ist es hilfreich, wenn das folgende ebenfalls festgelegt wurde.

- Knotenresidenz
- Verwaltung des Ablagesystems
- andere allgemeine Betriebseigenschaften der Client/Server-Umgebung

D1 – ERD (Entity Relationship Diagram = Diagramm der Entitätenbeziehungen)

(D = Datenanalyse)

Aus den allgemeinen formalen Anforderungen bestimmt man die Hauptelemente, aus denen das System bestehen wird, und ihre Beziehungen untereinander. Als Grundregel gilt, daß das Hauptelement auf der höchsten Abstraktionsstufe steht. Typische Beispiele sind KUNDE, PRODUKT, TRANSAKTION usw. Die Beziehungen der Hauptelemente untereinander sowie ihre Bedeutungen werden bestimmt.

D2 – DIS (Data Item Sets = Datenelementmengen)

Jedes Element wird in Form von Detailstufen weiter in ein DIS (Datenelementmenge) aufgeteilt. Dieses DIS enthält Datenattribute, die Gruppierung von Attributen und Schlüssel. Zusätzlich wird der Datentyp bestimmt. Andere Datenstrukturen enthalten hier Konnektoren – Darstellungen von Beziehungen – und sekundäre Datengruppen. Das Ergebnis dieses Schritts ist die Verfeinerung der in D1 bestimmten Sachgebiete.

D3 – Leistungsanalyse

Dieser Schritt wird durchgeführt, wenn das Datenvolumen, der Verarbeitungsumfang, der Netzverkehr, die Zuwachsrate von Daten und Verarbeitung oder die Spitzenverarbeitungszeit eine bedeutende Rolle spielt. Falls keiner dieser Faktoren auftritt, wird dieser Schritt nicht durchgeführt.

Auf dieser Stufe wird das Thema physischer Entnormalisierung von Daten angesprochen. Insbesondere werden folgende Entwurfsverfahren erwogen:

* Mischen von Tabellen
* Selektives Einführen von Redundanz
* Erzeugen von Datenfeldern und
* weitere Trennung von Daten

Falls dieser Schritt überhaupt durchgeführt wird, erhält man einen wesentlich kompakteren Entwur, mit nur geringem oder keinem Verlust der Vorteile der Datennormalisierung.

D4 – Physischer Datenbankentwurf

Nun werden die Ergebnisse von D2 und/oder D3 benutzt, um einen physischen Datenbankentwurf zu erzeugen. Folgende Punkte werden dabei erarbeitet

* Indizierung
* physische Merkmale von Daten
* Bestimmung von Schlüsseln
* Gruppierung/Verzahnung
* Verwaltung von Daten variabler Länge
* NULL/NICHT NULL-Spezifizierung
* Zuordnungsintegrität usw.

Das Ergebnis dieses Schritts ist die aktuelle Spezifikation des Datenbankschemas für das Datenbankmanagementsystem oder andere zu benutzende Datenmanagementsoftware/-richtlinien.

P1 – Funktionelle Zerlegung

(P = Prozeßanalyse)

Aus dem Anforderungsdokument ergibt sich die funktionelle Zerlegung. Sie übernimmt die vom System auszuführende Gesamtfunktion und zerlegt sie in eine Reihe aufeinanderfolgend kleiner werdender Funktionen (bis zu einer Ebene, die man „Primitiv"- oder Basisebene nennt). Das Ergebnis dieses Vorgangs ist eine umfassende funktionelle Zerlegung, welche die verschiedenen durchzuführenden Aktivitäten von einer hohen bis zu einer niederen Ebene beschreibt.

P2 – Kontextebene 0

Die Kontextebene 0 der funktionellen Zerlegung beschreibt auf der höchsten Abstraktionsebene die wichtigsten durchzuführenden Aktivitäten. Die Kontextebene 0 entspricht dem „Entity Relationship Diagram" bei der Datenmodellierung.

P3 – Kontextebenen 1–n

Die verbleibenden Ebenen der funktionellen Zerlegung beschreiben die detaillierteren Aktivitäten, die auftreten. Die Kontextebenen 1-n entsprechen beim Prozeßentwurf der Datenelementmenge (dem DIS) beim Datenentwurf.

P4 – DFD (Data-Flow Diagram = Datenflußdiagramm)

Auf jeder Kontextebene n – der Basisebene – wird ein DFD gezeichnet. Das DFD zeigt eine Eingabe in einen Prozeß, die Ausgabe eines Prozesses, die für die Einrichtung des Prozesses erforderlichen Datenspeicher und eine kurze Beschreibung des Prozesses an. Datenflußdiagramme können für eine Kontextebene höher als n durchgeführt werden, wenn sich herausstellt, daß ein Programm oder Prozeß für diese Kontextebene geschrieben werden soll.

P5 – Algorithmische Spezifikation; Leistungsanalyse

Die Prozesse, die vom DFD definiert wurden, werden weiter in detaillierte algorithmische Spezifikationen zerlegt. Auf dieser Ebene wird die eigentlich durchzuführende Verarbeitung umrissen.

Wenn die Leistung berücksichtigt werden muß, werden zusätzlich die Auswirkungen der Leistung auf den Programmentwurf in Betracht gezogen. An dieser Stelle werden Entwurfsverfahren berücksichtigt wie:

- Aufteilen eines langlaufenden Programms in eine Reihe von kürzer laufenden Programmen,
- Fordern, daß ein Programm auf weniger Daten, die nicht am Knoten resident sind, zugreift,
- Verkürzen der Zeit, in der eine Dateneinheit gesperrt ist,
- Ändern einer Sperre von möglicher Aktualisierung auf Zugriff usw.

P6 – Pseudocode

Die Algorithmen und Programmspezifikationen werden weiter in Pseudocode verfeinert. Der Entwickler stellt sicher, daß alle für die Verarbeitung benötigten Daten verfügbar sind. Alle bei Berechnungen, Transformationen, Aktualisierungen und ähnlichem benutzten Variablen werden hier bestimmt. Alle offenen Probleme werden hier gelöst. Das Ergebnis dieser Aktivität sind Codierungsspezifikationen, die hinreichend für den eigentlichen Code sind.

P7 – Codieren

Der Pseudocode wird in Quellcode übertragen. Wenn die Daten richtig entworfen wurden und der Pseudocode sorgfältig geschrieben wurde, kann dieser Schritt reibungslos durchgeführt werden. Das Ergebnis dieses Schritts ist der Quellcode.

P8 – Interaktive Codebeschreibung und -analyse („Walk-through")

In diesem Schritt wird der Code vor Kollegen verbal erklärt. Dadurch sollten Fehler vor dem Testen gefunden werden. Das Ergebnis dieses Schritts ist ein Quellcode, der allgemein bekanntgemacht wurde, und der soweit wie möglich fehlerfrei ist.

P9 – Compilieren

Der Quellcode wird durch den Compiler geschickt. Alle während der Compilierung auftretenden Fehler werden berichtigt. Das Ergebnis dieses Schritts ist compilierter Code, der zum Testen bereit ist.

P10 – Testen

Der compilierte Code wird getestet. Es gibt verschiedene Teststufen. In der einfachsten (niedrigsten) Teststufe wird ein compiliertes Modul für sich getestet, wobei sichergestellt wird, daß seine Funktion zufriedenstellend ausgeführt wird. Als nächstes wird der compilierte Code mit anderen Programmen zusammengefügt, mit denen er zusammenarbeiten muß. Es werden neue Teststufen durchgeführt, um die Integration des compilierten Codes mit anderen Modulen sicherzustellen, mit denen er gemeinsame Schnittstellen besitzt. Eine dritte Teststufe wird durchgeführt, wenn größere Gruppen von Modulen zusammen getestet werden.

Das Ergebnis dieses Schritts ist getesteter Code, der zur Ausführung bereitsteht.

P11 – Implementierung

Es gibt viele Tätigkeiten während der Implementierung. Bis zu einem gewissen Grad ist die Implementierung eine fortdauernde Aktivität ohne wirkliches Ende. Einige typische Aktivitäten der Implementierung sind

* Training, Schulung
* Laden residenter Knoten mit Programmen
* Laden der Anfangsdaten
* Umwandlung von Daten, falls erforderlich
* Einrichten von Bildschirmdienstprogrammen
* Schreiben der Dokumentation
* Einrichten von Wiederanlauf- und Reorganisationsprozeduren usw.

Das Ergebnis dieses ggf. wiederholt auszuführenden Schritts ist ein zufriedenstellend laufendes System.

GA1 – Datenspeicherdefinition

Die Definition des Datenspeichers ergibt sich als Ergebnis von Daten- und Prozeßentwurf. Die Ergebnisse der Datenspeicherdefinition sind einfach. Ein Datenspeicher ist angemessen entworfen, wenn

* alle im DFD aufgeführten Daten vorhanden und verfügbar sind und effektiv auf sie zugegriffen werden kann,
* alle im DIS aufgeführten Daten vorhanden und verfügbar sind und effektiv auf sie zugegriffen werden kann.

Mit anderen Worten, die Datenspeicherdefinition stellt die Schnittmenge der Datenanforderungen aus DFD (Prozeßmodell) und DIS (Datenmodell) dar.

Das Ergebnis dieses Schritts ist eine Definition des Datenspeichers, die sowohl dem Prozeß- als auch dem Datenentwurf genügt.

AA1 – Überprüfung auf höchster Ebene

(AA = Allgemeine Anforderung)

Die Überprüfung auf höchster Ebene stellt sicher, daß sowohl Daten- als auch Prozeßentwurf frühzeitig auf höchster Ebene aufeinander abgestimmt sind. Dabei werden Fragen aufgeworfen wie die Größe des Aufwands, die Trennung der Basis- und abgeleiteten Daten und ihre Verarbeitung, die Unterstützung von Datenanforderungen durch den Prozeßentwickler, die Unterstützung der Prozeßanforderungen durch den Datenentwickler usw. Das Ergebnis dieser Stufe ist ein Entwurf auf höchster Ebene, der in die Daten- und Prozeßentwicklung einfließt.

AA2 – Entwurfsüberprüfung

Diese Aktivität ist eine der wichtigsten im gesamten Entwicklungsablauf. Die Entwurfsüberprüfung bietet dem Entwickler die beste Möglichkeit, durch Auffinden von Fehlern erfolgreich zu sein. Hier können Fehler gefunden werden – und zwar jeder Art, in der Codespezifikation, im Datenbankentwurf usw – bevor das System in die starre Form der Anwendung gebracht wird. Vor Beginn der Codierung können Änderungen am System verhältnismäßig leicht und billig vorgenommen werden. Ist der Code erst einmal fertiggestellt, sind Änderungen am System schwierig und teuer. Beschreibungen von Prozeduren zur Durchführung von Entwurfsüberprüfungen sind im Literaturverzeichnis aufgeführt.

Das Ergebnis dieses Schritts ist eine Einschätzung der Stärken und Schwächen des Entwurfs für das Management sowie Empfehlungen für die Qualitätsverbesserung des Systems.

Methode für das DSS-Ablagesystem

Die Entwicklung der DSS-Komponente der Client/Server-Umgebung schreitet auf einem wesentlich anderen Weg voran als die Betriebskomponente, da die Verarbeitungsanforderungen im allgemeinen nicht Teil der Entwicklung des DSS-Ablagesystems sind. In diesem Sinne ist die Entwicklung des DSS-Ablagesystems eindeutig ein datengesteuerter Prozeß. Der erste Schritt ist die Entwicklung und die Bestükkung des DSS-Ablagesystems. Eine Methode für diese Phase der Entwicklung wird in Abb. 7.2 dargestellt.

Bei Abb. 7.2 ist zu beachten, daß einige der angegebenen Aktivitäten nur einmal durchgeführt werden, wogegen andere bei jeder Bestükkung eines neuen Sektors oder Sachgebiets wiederholt werden müssen. Prinzipiell sind DSS1, DSS2, DSS3, DSS4 und DSS6 Einmalaktivitäten. Alle anderen DSS-Aktivitäten müssen für jedes Sachgebiet, das bestückt wird, wiederholt werden. Es wird unterstellt, daß vor Beginn der DSS-Entwicklung ein Datenmodell aufgestellt wurde. Ist das nicht der Fall, so muß der DSS-Entwickler einen Schritt zurückgehen und ein Datenmodell erstellen.

DSS1 – Datenmodellanalyse (Einmalaktivität)

Zu Beginn muß ein Datenmodell definiert worden sein. Das Datenmodell muß enthalten

- Bestimmung der Hauptsachgebiete
- Trennung der Basisdaten von abgeleiteten Daten
- Für jedes Sachgebiet Bestimmung von
    Schlüsseln
    Attributen
    Gruppierungen von Attributen
    Beziehungen zwischen Gruppen von Attributen
    Mehrfach auftretenden Daten
    Datentypen

Das Ergebnis dieses Schritts ist eine Bestätigung dafür, daß die Organisation ein solides Datenmodell aufgebaut hat. Wenn das Modell die

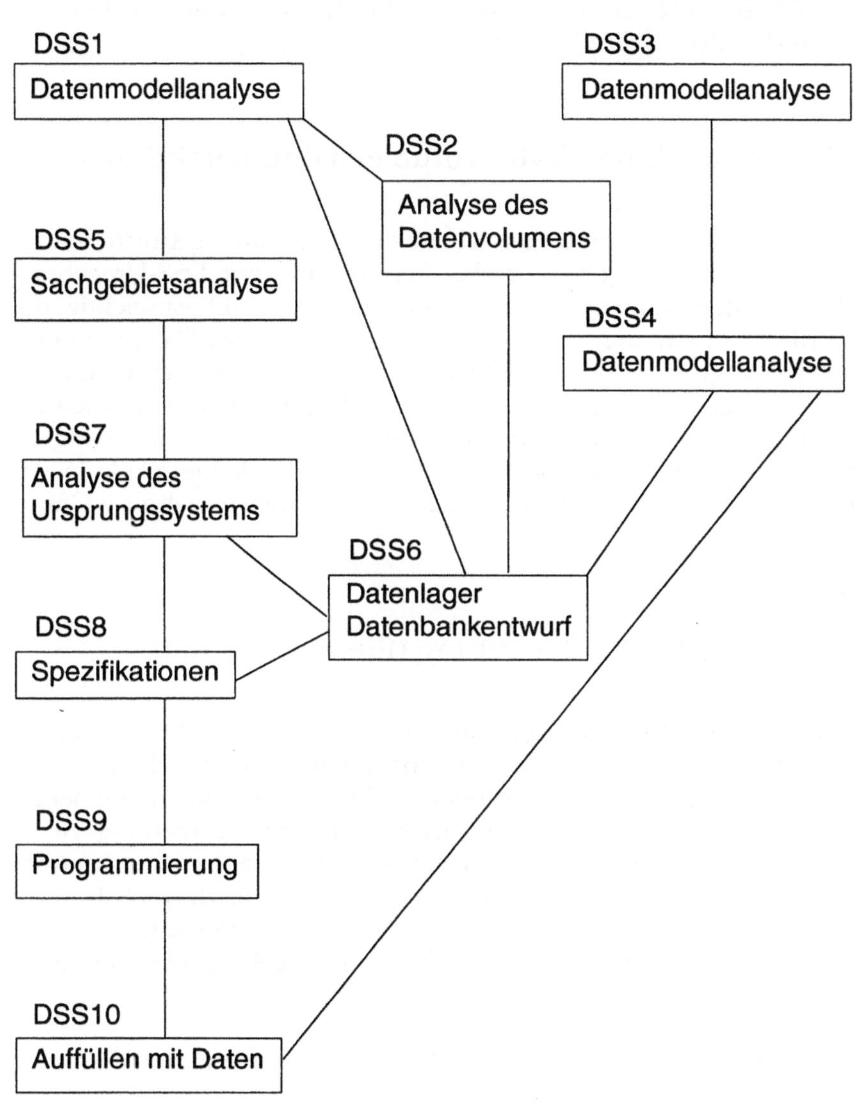

Abb. 7.2 Entwicklung des Datenlagers.

aufgestellten Kriterien nicht erfüllt, sollte der Ablauf angehalten werden, bis das Modell die Qualitätsstandards erfüllt.

DSS2 – Analyse des Datenvolumens (Einmalaktivität)

Wenn das Modell auf eine ausreichende Qualitätsstufe gebracht wurde, ist der nächste Schritt eine grobe Abschätzung der DSS-Umgebung. Falls das Datenvolumen Schwierigkeiten erwarten läßt, ist wichtig, daß man dies von Anfang an weiß. Bei der Analyse des Datenvolumens schätzt man grob ab, wie viele Daten das DSS-Ablagesystem enthalten wird. Ihr Ergebnis ist einfach – falls das DSS-Ablagesystem große Datenmengen enthält, müssen mehrere Granularitätsstufen in Erwägung gezogen werden. Enthält das DSS-Ablagesystem keine große Datenmenge, besteht keine Notwendigkeit für den Entwurf mehrerer Granularitätsstufen.

DSS3 – Technische Bewertung (Einmalaktivität)

Die technischen Anforderungen an die Verwaltung des DSS-Ablagesystems in der Client/Server-Umgebung unterscheiden sich sehr stark von den technischen Anforderungen und Gesichtspunkten, die bei der Verwaltung der Knotenresidenz bei Betriebdatenverarbeitung zu berücksichtigen sind. Dies ist der Grund, warum ein getrennter, zentraler Speicher für DSS-Daten so effektiv ist. Das Ergebnis dieses Schritts ist eine Definition, wie das DSS-Ablagesystem innerhalb der Client/Server-Umgebung installiert werden soll. Die drei gebräuchlichsten Möglichkeiten sind

- ein zentraler Speicher, der dem Client/Server-Netz zur Verfügung steht, aber von ihm getrennt ist,
- ein Zentralspeicher, der Teil des Client-Server-Netzes ist oder
- Verteilung des DSS-Ablagesystems über die verschiedenen Knoten im Netz

DSS4 – Technische Umgebungsvorbereitung (Einmalaktivität)

Wenn die Konfiguration des DSS-Ablagesystems geklärt ist, muß im nächsten Schritt technisch festgelegt werden, wie die Konfiguration physisch auszulegen ist. Einige der typischen Fragen, die hier angesprochen werden müssen, sind:

- Wie groß muß der Direktzugriffsspeicher sein?
- Welche Verbindung – entweder über das Client/Server-Netz oder in das Client/Server-Netz – wird benötigt?
- Welcher Verarbeitungsumfang wird erwartet?
- Wie können Verarbeitungskonflikte zwischen konkurrierenden Programmzugriffen minimiert oder abgeschwächt werden?
- Welches Verkehrsvolumen wird von der Technik erwartet, die das DSS-Ablagesystem steuert?
- Welcher Art ist der Verkehr – entweder kurzer oder langer Stoßbetrieb – der von der Technik erzeugt wird, die das DSS-Ablagesystem steuert?

DSS5 – Sachgebietsanalyse

Nun wird das mit Daten zu füllende Sachgebiet ausgewählt. Das erste auszuwählende Sachgebiet muß groß genug sein, um sinnvoll zu sein, und klein genug, um es implementieren zu können. Bei einem komplexen Sachgebiet kann man eine Teilmenge des Sachgebiets zur Implementierung auswählen. Das Ergebnis dieses Schritts ist die Größe des Aufwands, bezogen auf ein Sachgebiet.

DSS6 – Entwurf des DSS-Ablagesystems (Einmalaktivität)

Der Entwurf des DSS-Ablagesystems stützt sich auf das Datenmodell. Einige der Eigenschaften des endgültigen Entwurfs enthalten

111

- Einrichtung der einzelnen Granularitätsstufen, falls mehrere Granularitätsgrade vorhanden sind,
- eine Orientierung der Daten auf die Hauptbereiche des Unternehmens,
- das Vorhandensein von Basisdaten und allgemein bekannten Daten,
- das Fehlen von Nicht-DSS-Daten,
- zeitliche Abhängigkeit jedes Datensatzes,
- physische Entnormalisierung der Daten, wo anwendbar (d.h., wenn die Leistung es rechtfertigt) und
- Erzeugung von Daten-„Artefakten", wenn die Beziehungen von Daten, die zunächst in der betrieblichen Ebene waren, in das DSS-Ablagesystem übertragen werden.

Das Ergebnis dieses Schrittes ist ein physischer Datenbankentwurf eines „Datenlagers". Zu Beginn müssen nicht alle Einzelheiten des Datenlagers entworfen sein. Es ist z.B. durchaus möglich, am Anfang die Hauptstrukturen des Datenlagers zu entwerfen, und die Einzelheiten dann zu einem späteren Zeitpunkt nachzuliefern.

DSS7 – Analyse des Ursprungssystems

Wenn das mit Daten zu füllende Sachgebiet festgelegt ist, werden in der nächsten Aktivität die Ausgangsdaten für das Sachgebiet in der vorhandenen Systemumgebung festgestellt. Es ist durchaus normal, wenn mehrere Datenquellen für DSS-Daten vorhanden sind. An dieser Stelle werden folgende Fragen zur Integration angesprochen:

- Schlüsselstruktur/Schlüsselauflösung, wenn die Daten von der Betriebsumgebung in die DSS-Umgebung übergehen
- Zuordnung
  - was soll getan werden, wenn man aus mehreren Quellen wählen kann
  - was soll getan werden, wenn keine Quellen vorhandensind, aus denen gewählt werden kann
  - welche Transformationen, Codierungen/Entschlüsselungen, Umwandlungen usw. müssen vorgenommmem werden, wenn Daten für die Übergabe an die DSS-Umgebung ausgewählt werden

- wie wird die zeitliche Streuung aus aktuellen Daten erzeugt
- Struktur – wie wird die DSS-Struktur aus der Betriebsstruktur erzeugt
- Beziehungen – wie erscheinen Betriebsbeziehungen in der DSS-Umgebung

Das Ergebnis dieses Schritts ist die Abbildung von Daten aus der Betriebsumgebung in die DSS-Umgebung.

DSS8 – Spezifikationen

Wenn die Schnittstelle zwischen der Betriebs- und DSS-Umgebung umrissen ist, wird als nächster Schritt diese Schnittstelle in Form von Programmspezifikationen formalisiert. Die Hauptpunkte beinhalten folgende Fragen:

- Woher weiß man, welche Betriebsdaten zu untersuchen sind?
  - Besitzen die Betriebsdaten eine Zeitmarkierung?
  - Gibt es eine „Delta"-Datei (i.e. eine Datei, die Änderungen an Daten inkrementell wiedergibt)?
  - Gibt es Systemprotokolle/Revisionsprotokolle, die benutzt werden können?
  - Können vorhandener Quellcode und vorhandene Datenstrukturen geändert werden, um eine „Delta"-Datei zu erzeugen?
  - Müssen „Vorher"- und „Nachher"-Abbildungsdateien miteinander verglichen werden?
- Woher weiß man, wo das Ergebnis nach der Untersuchung gespeichert werden soll?
  - Sind die DSS-Daten vorab zugeordnet, vorformatiert?
  - Werden Daten verkettet?
  - Wird in der DSS-Umgebung aktualisiert?

Das Ergebnis dieses Schritts sind die eigentlichen Programmspezifikationen, die benutzt werden, um die Daten von der Betriebsumgebung in das DSS-Ablagesystem zu übertragen.

DSS9 – Programmierung

Dieser Schritt enthält alle Standardaktivitäten der Programmierung wie

* Entwicklung von Pseudocode,
* Codierung,
* Codeinspektion und
* Testen in den verschiedensten Formen.

DSS10 – Auffüllen mit Daten

Dieser Schritt erfordert die Ausführung des vorher entwickelten DSS-Programms. Die hier angesprochenen Themen betreffen Dinge wie

* Häufigkeit der Datenüberspielung,
* Löschen eingespielter Daten
* „Altern" eingespielter Daten (durch mitzählende Überwachungsprogramme)
* Verwalten mehrerer Granularitätsstufen
* Wiederauffrischen echter Stichprobendaten, falls tatsächlich Stichprobentabellen mit echten Daten aufgestellt wurden.

Das Ergebnis dieses Schritts ist ein mit Daten gefülltes, funktionelles DSS-Ablagesystem.

Die dritte Entwicklungsphase in der aufgebauten Umgebung ist der Einsatz des DSS-Ablagesystem für Zwecke der Analyse. Wenn die Daten in das DSS-Ablagesystem eingespielt sind, kann der Einsatz beginnen.

Es gibt verschiedene wesentliche Unterschiede in der Entwicklung, die auf dieser Stufe geschieht, und der Entwicklung in anderen Teilen der Client/Server-Umgebung. Der erste größere Unterschied in der Entwicklung besteht darin, daß der Entwicklungsprozeß hier immer mit Daten beginnt, d.h. Daten im DSS-Ablagesystem. Der zweite Unterschied bezieht sich darauf, daß die Anforderungen am Anfang des Entwicklungsprozesses nicht bekannt sind. Der dritte Unterschied (in Wirklichkeit ein Nebenprodukt der beiden ersten Faktoren) bezieht sich darauf, daß die Bearbeitung auf eine äußerst iterative, sehr heuristische

Weise geschieht. Bei anderen Entwicklungsarten gibt es auch eine bestimmte Menge an Iterationen. In der DSS-Komponente der Entwicklung jedoch, die erfolgt, nachdem das DSS-Ablagesystem entwickelt wurde, ändert sich der gesamte Charakter der Iteration. Die Iteration der Verarbeitung ist ein normaler und wesentlicher Teil des analytischen Entwicklungsprozesses, und zwar hier wesentlich stärker als anderswo.

Diese bei den DSS-Entwicklungskomponenten unternommenen Schritte können in zwei Klassen eingeteilt werden: die wiederholt auftretende Analyse (oder, wie sie manchmal auch genannt wird, die „fachliche" oder „funktionelle" Analyse) und die echt heuristische Verarbeitung (oder die „individuelle" Ebene).

Abb. 7.3 zeigt die Schritte, die nach Beginn der Datenbestückung des DSS-Ablagesystems unternommen werden müssen.

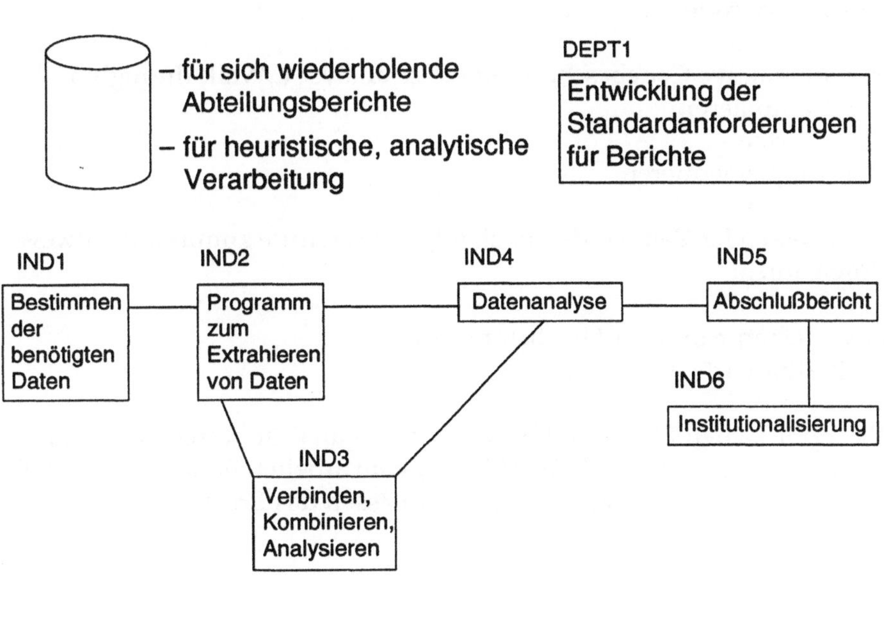

Abb 7.3 Heuristische Entwicklung.

DEPT1 – Wiederholung der Standardentwicklung

Bei sich wiederholender analytischer Verarbeitung (normalerweise als Liefern von Standardberichten bezeichnet) geschieht die normale anforderungsgesteuerte Verarbeitung. Dies bedeutet, daß die folgenden Schritte (bereits früher beschrieben) wiederholt werden:

DEF1 – Interviews, Datensammlung, JAD, strategischer Plan,
        vorhandene Systeme
DEF2 – Ordnen, Phaseneinteilung
DEF3 – Anforderungsformalisierung
P1 – Funktionelle Zerlegung
P2 – Kontextebene 0
P3 – Kontextebenen 1–n
P4 – DFD für jede Komponente
P5 – Algorithmische Spezifikation; Leistungsanalyse
P6 – Pseudocode
P7 – Codieren
P8 – Interaktive Codebeschreibung und -analyse („Walk-through")
P9 – Compilieren
P10 – Testen
P11 – Implementieren

Zu passender Zeit werden noch folgende Schritte zumindest teilweise durchlaufen:

AA1 – Überprüfung auf höchster Ebene
AA2 – Entwurfsüberprüfung

Es ergibt keinen Sinn, die Phase der Datenanalyse durchzuführen, da der Entwickler mit dem DSS-Ablagesystem arbeitet. Berichte, die auf einer regulären Basis erstellt werden, umfassen das Ergebnis dieser Aktivität.

IND1 – Bestimmen der benötigten Daten

An dieser Stelle werden Daten im DSS-Ablagesystem zur möglichen Verwendung bei der Erfüllung der Berichtsanforderungen ausgewählt. Obwohl der Entwickler mit bestimmten Vorgaben arbeitet, muß man damit rechnen, daß bei den ersten zwei oder drei Durchläufen nur einige der benötigten Daten gefunden werden. Das Ergebnis dieser Aktivität sind für weitere Analysen ausgewählte Daten.

IND2 – Programm zum Extrahieren von Daten

Wenn die Daten zur analytischen Verarbeitung ausgewählt sind, besteht der nächste Schritt darin, ein Programm zum Zugriff auf die Daten und ihre Zerlegung zu schreiben. Das Programm sollte so geschrieben sein, daß es leicht geändert werden kann, da vorherzusehen ist, daß das Programm mehrfach, zum Teil modifiziert, ablaufen wird.

IND3 – Verbinden, Kombinieren, Analysieren

Nach Auswahl der Daten werden diese als nächstes für die Analyse vorbereitet. Das bedeutet

- Editieren der Daten
- Verbinden mit anderen Daten
- Bereinigen der Daten usw.

Wie bei anderen heuristischen Prozessen sieht man vor, daß dieses Programm so geschrieben wird, daß es leicht geändert werden kann. Als Ergebnis dieser Aktivität erhält man Daten, die für die Analyse voll einsatzfähig sind.

IND4 – Datenanalyse

Wenn die Daten ausgewählt und weiter aufbereitet sind, wird die Frage gestellt: „Erfüllen die erzielten Ergebnisse die Anforderungen des Analytikers?" Falls nicht, erfolgt eine weitere Iteration. Sind die Ergebnisse zufriedenstellend, wird mit der Vorbereitung des Abschlußberichtes begonnen.

IND5 – Abschlußbericht

Der erzeugte Abschlußbericht ist häufig das Ergebnis vieler Verarbeitungsiterationen. Nur äußerst selten ist der endgültige Abschluß das Ergebnis einer einzigen Iteration der Analyse.

IND6 – Institutionalisierung

Die letzte Frage, über die entschieden werden muß, ist die, ob der erstellte Abschlußbericht institutionalisiert werden soll. Wenn die Notwendigkeit besteht, den Bericht wiederholt erstellen zu lassen, ist es sinnvoll, ihn als eine Zusammenstellung von Anforderungen zu speichern und daraus den Bericht als eine regelmäßig vorkommende Operation neu zu erzeugen.

Zusammenfassung

In diesem Kapitel wurde eine datengesteuerte Entwicklungsmethode für die Client/Server-Umgebung beschrieben, bei der die unterschiedlichen Notwendigkeiten der Betriebsdatenverarbeitung und der DSS-Verarbeitung berücksichtigt wurden. Der zentrale Punkt der Methode ist das DSS-Ablagesystem.

8 Datenbankentwurfsfragen in der Client/Server-Umgebung

In den ersten Kapiteln wurden grundlegende Aspekte der Client/Server-Umgebung beschrieben, wie die Notwendigkeit, daß die Knotenaufteilung auf Grundlage der Topologie der zu bedienenden Organisation erfolgen muß, der Unterschied zwischen Betriebs- und DSS-Verarbeitung und die Notwendigkeit für die Definition des Ablagesystems. Im vorhergehenden Kapitel wurde eine Entwicklungsmethode beschrieben, durch die verschiedene Entwurfsaspekte in eine sinnvolle Ordnung gebracht wurden. In diesem Kapitel werden einige Datenbankentwurfsverfahren beschrieben, die für den Entwickler in der Client/Server-Umgebung von Nutzen sind.

Verwaltung von Basis- und abgeleiteten Daten

Basisdaten repräsentieren eindeutig eine genau einmal vorkommende Informationseinheit, abgeleitete Daten können dieselbe Einheit mehrfach auf verschiedene Weise repräsentieren. Alle abgeleiteten Daten wurden in irgendeiner Form berechnet. (Es ist jedoch interessant, daß nicht alle berechneten Daten abgeleitet sind.)

Einige Beispiele für Basisdaten (in einer Bankumgebung) sind

- das Datum einer Abhebung,
- der Betrag der Abhebung,
- die Kasse, an der abgehoben wurde,

- der Ausweis, den die abhebende Person benutzte,
- das Konto, von dem abgehoben wurde,
- der Kontenstand, bevor abgehoben wurde usw.

Kurz gesagt, Basisdaten sind Daten, die bis auf die Sekunde genau sind, detailliert sind und benutzt werden, um die täglichen Aktivitäten des Unternehmens zu steuern.

Abgeleitete Daten sind in erster Linie Daten, die berechnet werden. In der Bankumgebung sind z.B. die folgenden Daten abgeleitete Daten:

- der augenblickliche durchschnittliche Saldo aller Kunden,
- der durchschnittliche Prozentsatz von unerlaubt hohen Überziehungen bei Konten mit weniger als $500 Bestand während der letzten 6 Monate,
- die Gesamtanzahl der Konten, denen ein Überziehungslimit eingeräumt wurde usw.

(Anmerkung: Das Thema Basis- und abgeleitete Daten ist wesentlich komplexer, als diese kurze Einführung erkennen läßt. Von allen auftretenden Daten sind 95% entweder Basisdaten oder abgeleitete Daten. Die restlichen 5% sind bei weitem nicht so eindeutig. Um mit diesen 5% fertig zu werden, werden schwierige Diskussionen geführt. Eine grundlegende Behandlung des Themas finden Sie in dem Buch: Data Architecture: The Information Paradigm (QED, 1988). Der Grund, warum wir uns Gedanken über Basis- und abgeleitete Daten beim Datenbankentwurf machen, liegt darin, daß abgeleitete Daten schneller erzeugt als sie modelliert und entworfen werden können. Ein Analytiker kann mit Lotus 1-2-3 mehr abgeleitete Daten erzeugen und zerstören, als ein Datenbankentwickler bearbeiten kann. Außerdem besteht die Betriebsdatenverarbeitungsumgebung fast ausschließlich aus Basisdaten. Als weiterer erschwerender Faktor kommt hinzu, daß abgeleitete Daten zu Basisdaten üblicherweise in einem Verhältnis von 20:1 zueinander stehen.)

Wegen des Umfangs und der Veränderlichkeit abgeleiteter Daten gilt folgendes solides Entwurfsprinzip:

- der Betriebsdatenbankentwurf enthält keine abgeleiteten Daten und
- abgeleitete Daten werden ausschließlich durch DSS-Prozesse über das DSS-Ablagesystem bearbeitet.

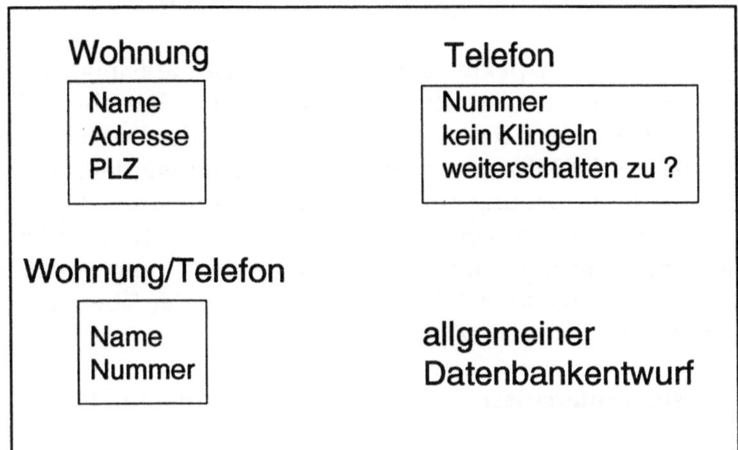

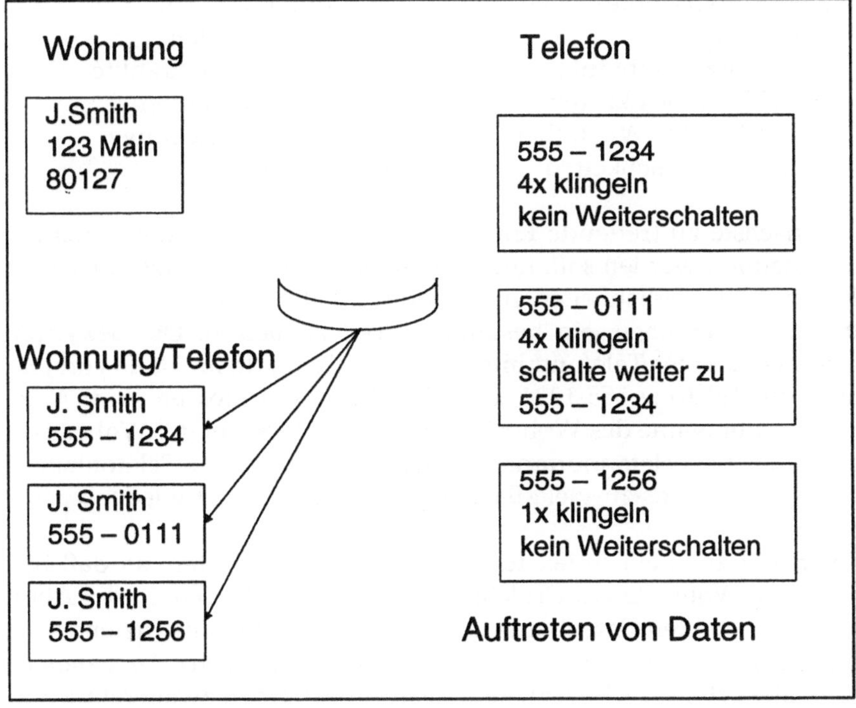

Abb. 8.1 Allgemeiner Entwurf und Auftreten von Daten.

Beziehungen in der Client/Server-Umgebung

Einer der nützlichsten Aspekte einer Datenbank ist die Fähigkeit, eine Beziehung zwischen Dateneinheiten herzustellen. Die Beziehung kann manchmal innerhalb der Grenzen des Systems oder der Datenbankmanagementsoftware (DBMS) entworfen und bearbeitet werden. In anderen Fällen muß die Beziehung auf Anwendungsebene unterstützt werden. Die erste beim Aufbau von Beziehungen zwischen Dateneinheiten zu treffende Entscheidung wäre also die, wie die Beziehung unterstützt werden soll. In der folgenden Tabelle werden einige der Überlegungen bei der Auswahl der Unterstützung umrissen.

DBMS / Systemunterstützt	Anwendungsunterstützt
– nicht immer möglich	– in jedem Fall möglich
– Dienstprogramme stehen zur Verfügung	– Dienstprogramme müssen geschrieben werden
– unterstützt beschränkte Anzahl von Strukturen	– unterstützt unbeschränkte Anzahl von Strukturen
– unbeschränkte Wiederherstellungsmöglichkeiten	– viele Wiederherstellungsmöglichkeiten

Die nächste zu treffende Entscheidung ist, wie genau die Beziehung implementiert werden soll. Einige Beispiele werden benutzt, um die typischen Wahlmöglichkeiten zu beschreiben. Nehmen wir an, ein Lieferant sei in der Lage, ein bestimmtes Teil zu liefern. Die Beziehung Wohnsitz zu einer Telefonnummer ist dann $1 : n$, da im Haus von John Smith die Telefone 555-1234 und 555-1256 angeschlossen sind. Angenommen der Name des Wohnsitzes ist der Schlüssel in der Wohnsitztabelle, und die Telefonnummer ist der Schlüssel in der Telefontabelle, dann kann die eins-zu-viele-Beziehung, wie in Abb. 8.1 wiedergegeben werden.

Hier gibt es einen Index für Wohnsitz/Telefon-Daten, so daß man leicht vom Wohnsitz zum Telefon gelangen kann. In dem in der Abbildung dargestellten Datenbankentwurf ist es jedoch ein ineffizientes Unterfangen, von der Telefonnummer zu dem Wohnsitz zu gelangen. Wenn dies erforderlich wird, kann man einfach einen zweiten Index für Telefonnummern zu der Wohnort/Telefontabelle hinzufügen, wie in Abb. 8.2 dargestellt.

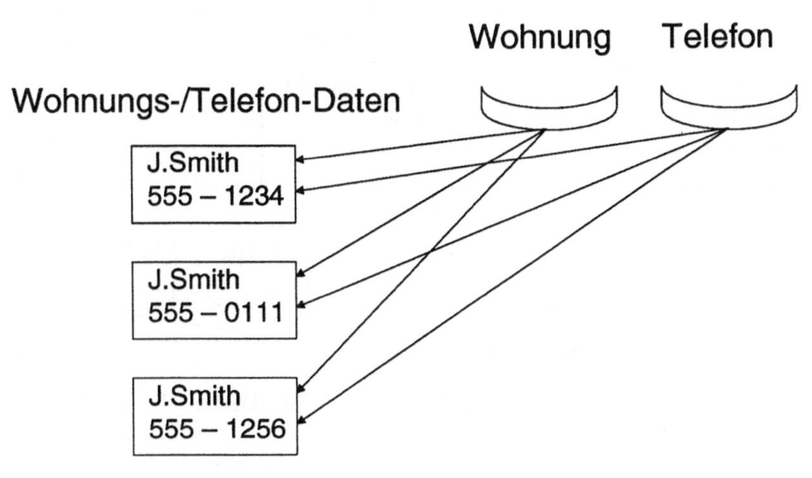

Abb. 8.2 Sowohl ein Index für Telefonnummern als auch für die Wohnungen.

Während die 1:n-Beziehung häufig vorkommt, ist eine ebenfalls auftretende Möglichkeit die m:n-Beziehung. Tatsächlich ist eine m:n-Beziehung nichts anderes als eine Kombination von zwei Beziehungen, einer 1:n-Beziehung und der Umkehrung der Beziehungen einer m:1-Beziehung. Abb. 8.3 zeigt ein Beispiel für eine m:n-Beziehung: ein Teil hat mehrere Lieferanten und ein Lieferant kann mehrere Teile liefern; das ist eine völlig normale Geschäftssituation.

Abb. 8.3 zeigt die Teile ABC, BCD und CDE, die Lieferanten Jones, K-Mart, Emporium und Bailey und verschiedene Beziehungen zwischen Teilen und Lieferanten. Die Abbildung zeigt, daß ABC von Jones, K-Mart und Bailey geliefert wird, BCD wird von Jones und CDE wird von Jones, Bailey und K-Mart geliefert. Wenn wir die Beziehungen aus Sicht der Lieferanten betrachten, liefert Jones ABC, BCD und CDE, K-Mart liefert ABC und CDE. Emporium liefert nichts, und Bailey liefert ABC und CDE.

Natürlich ist es möglich, daß die Schnittmenge, d.h. die Teile/Lieferanten-Daten, ihre eigenen Daten enthält. Nehmen wir an, daß jedesmal ein Schnittmengensatz erzeugt wird, wenn eine Lieferung von einem Lieferanten erfolgte, wie in Abb. 8.4 dargestellt.

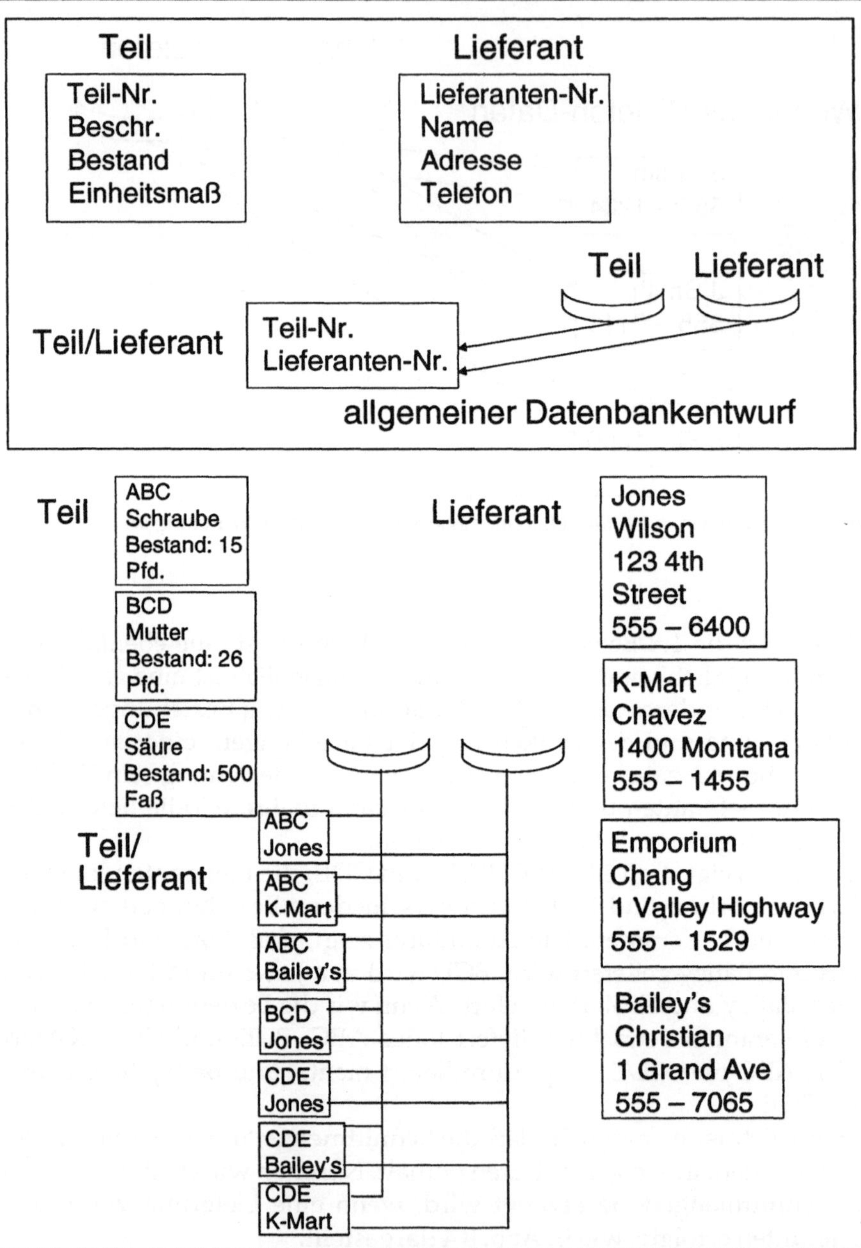

Abb. 8.3 Verschiedene Fälle von Teile-, Lieferanten- und Teile/Lieferanten-Daten.

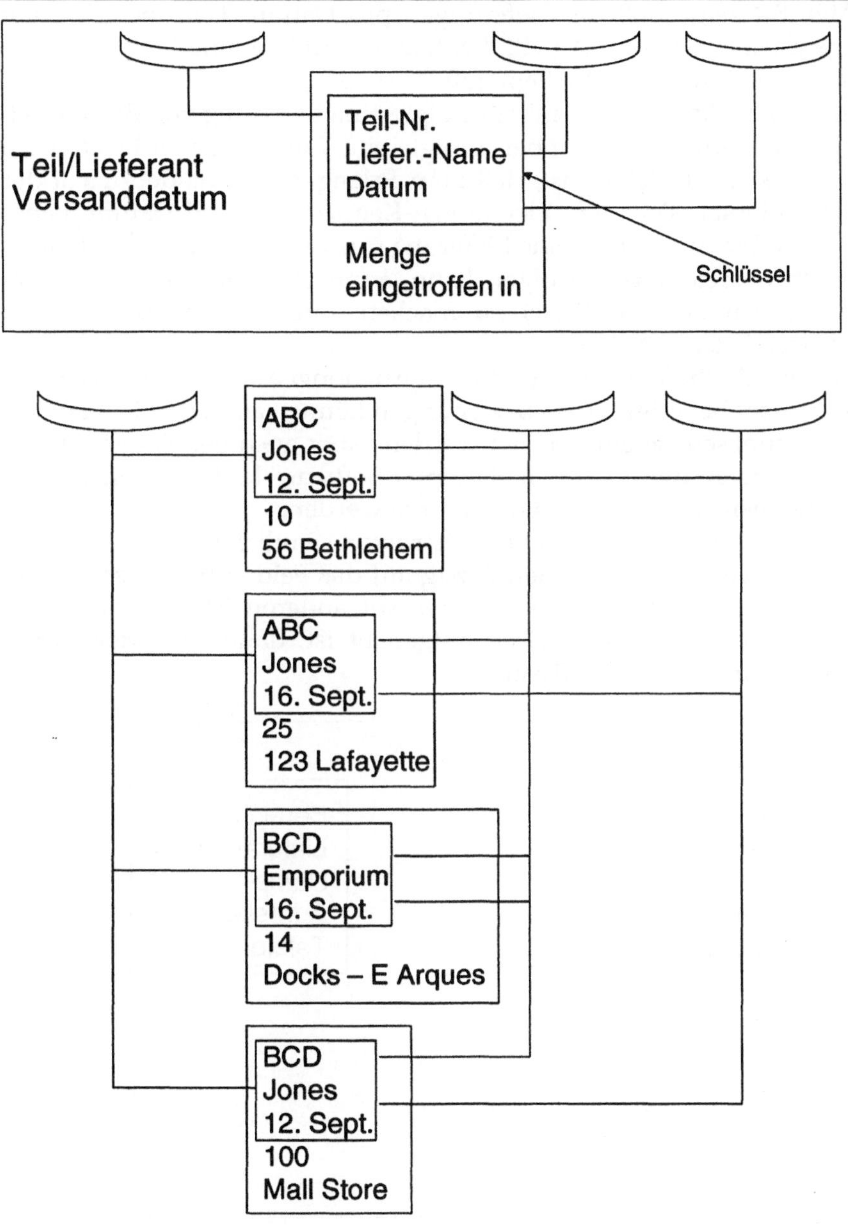

Abb 8.4 Mögliche Daten.

Abb. 8.4 zeigt, daß die Lieferungen pro Datum, Teil und Lieferant aufgezeichnet werden. Am 12. September erfolgte eine Lieferung von ABC durch Jones. Am 16. September erfolgte eine Lieferung von ABC durch Jones. Am 16. September erfolgte eine Lieferung von BCD durch Emporium. Am 12. September erfolgte eine Lieferung von BCD durch Jones usw. Zu beachten ist, daß zum Erlangen von Eindeutigkeit der volle Schlüssel Teile-Nr., Lieferanten-Kennzeichen und Datum benötigt wird. Wenn mehr als eine Lieferung pro Tag für dasselbe Teil durch denselben Lieferanten erfolgen kann, kann es erforderlich sein, Datum/Uhrzeit zum Schlüssel zu machen, um die Eindeutigkeit der Schlüssel sicherzustellen.

Für den Aufbau von $1{:}n$- und $m{:}n$-Beziehungen werden nur Tabellen und Indizes benötigt. Diese Beziehungen können auf jeden Fall auf der Anwendungsebene eingerichtet werden. Aber auch bei einigen Datenbanksystemen, die unter Client/Server-Software laufen, können diese Beziehungen aufgestellt und unterstützt werden.

Als Regel gilt, daß die Schlüsselstruktur sämtlicher Tabellen in der Client/Server-Umgebung den Bezug auf das Feld enthält, das die Zuordnung zu den Knoten beschreibt. Mit anderen Worten: wenn ein Client/Server-Netz topologisch aufgebaut ist, dann sieht der Datenbankentwurf wie in Abb. 8.5 aus.

```
Bereich              Bereich
Teil-Nr.             Lieferanten-Nr.
Beschr.              Name
Vorrat               Adresse
Einheitsmaß          Telefon


Bereich
Teil-Nr.
Lieferanten-Nr.
```

Abb. 8.5 Die Schlüsselstruktur jedes Satzes besitzt 'Bereich' als Vorsatz, wobei 'Bereich' benutzt wird, um die Knotenzuordnung abzugrenzen.

Bereich	NW	NW	NW	NW	NW	
Teil-Nr.	ABC	BCD	CDE	DEF	EFG	– – – •
Beschr.	Mutter	Schraube	Bolzen	Dichtung	Farbe	– – – •
Vorrat	15	67	126	10	100	– – – •
Einheitsmaß	Karton	Kasten	Karton	Faß	Eimer	

Abb. 8.6 Für den Nordwest-Knoten sind alle Werte des Feldes – Bereich – gleich 'NW'.

Abb. 8.5 zeigt, daß dem Schlüssel jeder Tabelle ein Bereich vorangeht, der dazu benutzt wird, die Knotenresidenz anzugeben. Man könnte das Argument einwerfen: warum wird der Bereich zum führenden Teil des Schlüssels gemacht? Schließlich haben alle Daten, die am Knoten abgelegt sind, dieselbe Bereichsbezeichnung, wie in Abb. 8.6 dargestellt.

Es stimmt, daß dieselben Daten (in dem gezeigten Fall „NW") im gesamten Knoten kopiert werden. Wenn jedoch ein anderer Knoten auf Daten des NW-Knotens zugreifen möchte, ist klar, zu welchem Knoten die Daten gehören. Wenn Daten vom Südosten („SO") in den NW-Knoten gebracht werden, stellt dasselbe Merkmal klar, daß der NW-Knoten mit den Daten tun kann, was er möchte, solange er beachtet, daß die Daten von einem anderen Knoten gekommen sind und zur Ablage eines anderen Knotens gehören.

Indizierung

Das normale Verfahren, auf Daten in einem Knoten zuzugreifen, ist über Indizes. Eine einfache Anordnung von Indizes und Daten wird in Abb. 8.7 dargestellt.

Dort zeigt ein Index in Reihenfolge des Schlüssels „Lieferanten-Kennzeichen" auf die Daten im Knoten, die auf einer Festplatte abgelegt sind. Der Index ist ein schnelles Verfahren, zu einem einzelnen Datensatz zu gelangen. Ohne den Index würde das Suchen eines einzelnen Satzes das Durchsuchen der gesamten Lieferantentabelle erfordern. Indizes erhöhen also die Effizienz des Datenzugriffs.

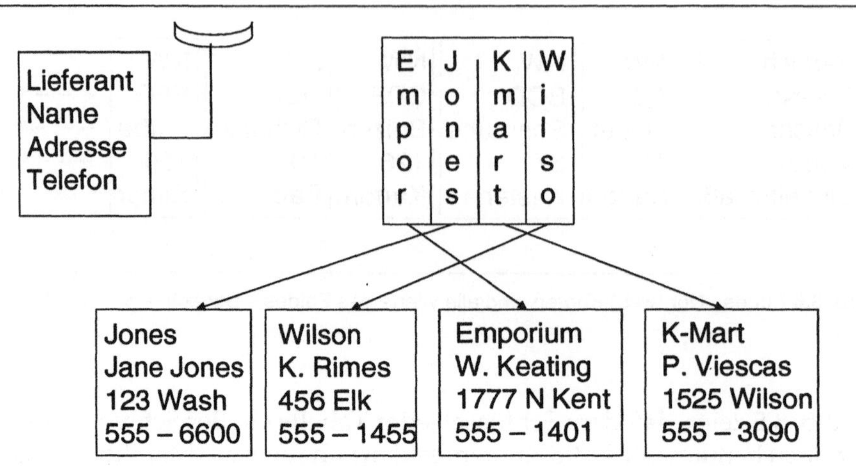

Abb. 8.7 Ein Index und Primärdaten.

Es gibt jedoch einen Nachteil der Indizes. Jedesmal, wenn ein Satz aktualisiert, gelöscht oder neu erzeugt wird, muß der Index entsprechend aktualisiert werden. Ein Beispiel für den zusätzlichen Aufwand für Indizes ist in Abb. 8.8 dargestellt. Da Indizes den zusätzlichen Wartungsaufwand benötigen (um nicht den Speicherplatz zu erwähnen, den ein Index benötigt), gibt es einen Kompromiß, den der Entwickler in der Client/Server-Umgebung eingeht. Er schließt einen Kompromiß zwischen effizientem Datenzugriff und effizientem Aktualisieren von Daten. Wenn auf Daten häufig zugegriffen wird, sie aber nur selten aktualisiert werden, wird der Entwickler wahrscheinlich viele Indizes vorsehen. Wenn die Daten häufig aktualisiert werden, aber nur selten auf sie zugegriffen wird, wird der Entwickler nur wenige Indizes benutzen. Es gilt folgende Faustregel:

Häufige Aktualisierung, begrenzter Zugriff: 1-2 Indizes
Häufiger Zugriff, begrenzte Aktualisierung: 8-10 Indizes

Es gibt aber noch einen anderen Gesichtspunkt bei Indizes. Die physische Organisation eines Index ist wichtig für die Leistung. Abb. 8.9 zeigt einen Index, der zum Zeitpunkt n erzeugt und geladen wurde.

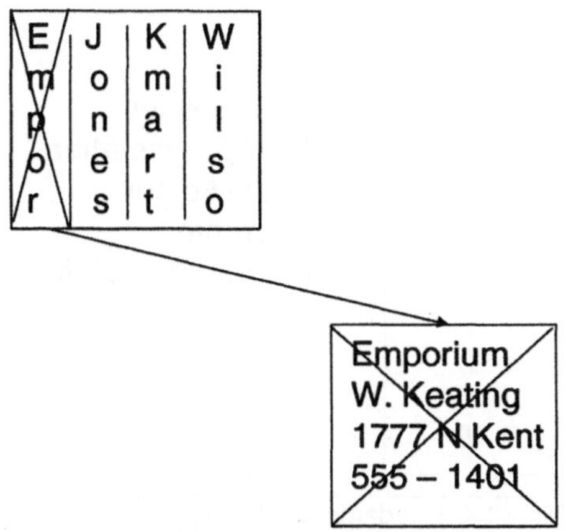

Abb. 8.8 Wenn 'Emporium' als Lieferant gelöscht wird, muß der auf 'Emporium' zeigende Index entsprechend gelöscht werden.

Im Laufe der Zeit werden viele Einträge zum Index hinzugefügt, wie der Index zum Zeitpunkt m zeigt. Zu diesem Zeitpunkt ist die physische Organisation des Index ziemlich ungeordnet. Es ist sinnvoll, ent-

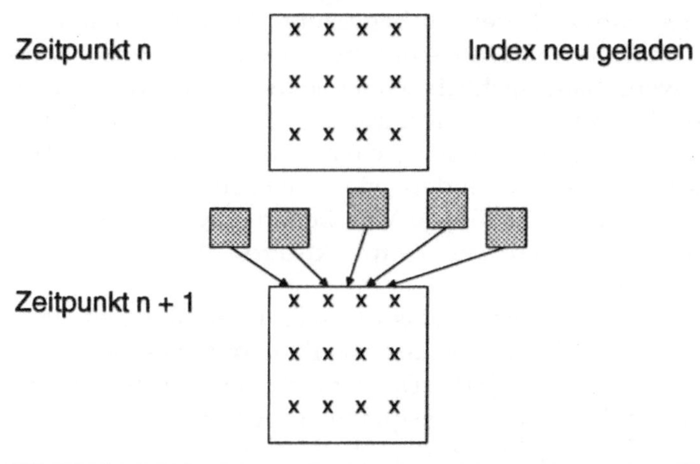

Abb. 8.9 Der Index, nachdem viele Einträge hinzugefügt wurden – ziemlich ungeordnet.

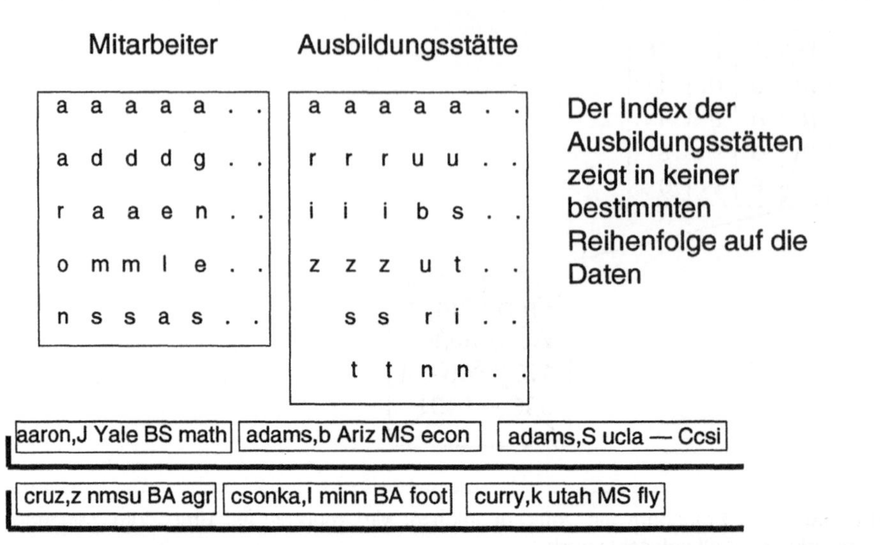

Abb 8.10 Die physische Reihenfolge der Daten im primären Datenbereich entspricht der Reihenfolge des Mitarbeiterindex.

weder den Index zu reorganisieren oder ihn zu löschen und dann neu aufzubauen, um die Leistung zu verbessern. Wenn der zum Zeitpunkt *m* dargestellte Index nicht physisch neu aufgebaut wird, zahlt jedes Programm den Mehraufwand, der bei Benutzung des Index anfällt. Das Neusortieren von Daten mit Hilfe eines Index kann auch zu Schwierigkeiten führen, wenn hauptsächlich sequentielle Verarbeitung im Knoten auftritt. In Abb. 8.10 ist eine Mitarbeiter/Ausbildungs-Datenbank dargestellt. Es gibt zwei Indizes für die einfache Tabelle. Ein Index ist für die Mitarbeiternamen, der andere ist für die Schule, die der Mitarbeiter besucht hat. Der Index für die Mitarbeiternamen stimmt mit der physischen Folge der Daten zum Zeitpunkt ihres physischen Ladens auf die Festplatte überein.

Wenn der Index vollständig durchsucht werden muß, ist es wesentlich effizienter, die Tabelle mittels des Mitarbeiternamens zu durchsuchen als mit dem der Schule. Jeder Datenzugriff über die Schule erfordert, daß ein neuer Platz auf der Festplatte gesucht wird. Beim Zugriff über den Namen ist das nicht erforderlich. Wenn ein Index für den Zu-

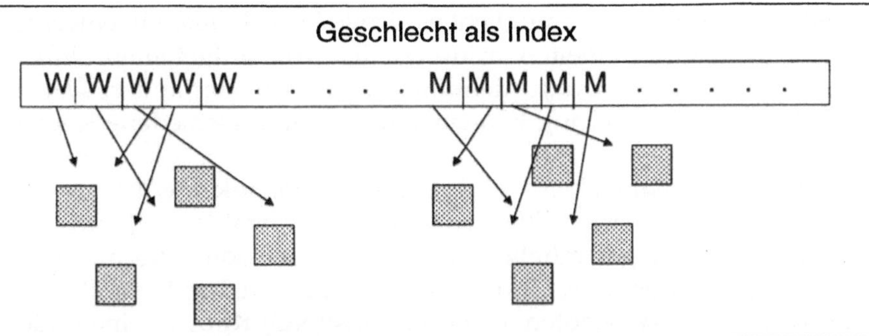

Abb. 8.11 Eine Mitarbeitertabelle, die mit dem Geschlecht indiziert ist.

griff auf große Datenbestände benutzt werden soll, sollte die physische Reihenfolge der Daten berücksichtigt werden.

Ein letzter Gesichtspunkt bei Indizes ist, daß einige Felder nie indiziert werden sollten. Abb. 8.11 ist ein Beispiel hierfür.

Abb. 8.11 zeigt, daß das Geschlecht auf eine Mitarbeitertabelle zeigt. Das Feld „Geschlecht" besitzt nur zwei Werte, W und M. Wenn ein Feld nur wenige Werte annehmen kann, ist es effizienter, die gesamte Tabelle zu durchsuchen, als einen Index zu benutzen, um auf die Tabelle zuzugreifen. Eine letzte Überlegung für den Einsatz von Indizes beim Entwurf einer Client/Server-Datenbank betrifft die Daten, aus denen der Index gebildet wird. Als Regel gilt, daß die Daten eindeutig oder mehrdeutig sein und aus einer oder mehreren Spalten bestehen können. Die Möglichkeiten der Indexspezifikation sind

- eindeutig, einzelne Spalte
- eindeutig, zusammengesetzte Spalten
- mehrdeutig, einzelne Spalte und
- mehrdeutig, zusammengesetzte Spalten.

Datenpartitionierung

Einer der wichtigsten Punkte beim Datenbankentwurf in der Client/Server-Umgebung ist die Untergliederung von Daten. Die Untergliederung von Daten ermöglicht es, große Datenbanken in einzelne, getrennte physische Einheiten zu unterteilen. Alle aufgeteilten Einheiten benutzen dieselbe Strukturdefinition, enthalten aber andere Daten. Mittels Datenpartitionierung können Daten über verschiedene Knoten verteilt werden.

Der Datenbankentwickler muß beim Datenbankentwurf in der Client/Server-Welt eine Gliederungsstrategie wählen, durch die zukünftige Aufteilungen möglich sind, so daß der Code dafür nur minimal geändert werden muß. Zum Beispiel gibt es am Tag 1 vier Knoten einen Nordwest(NW)-Knoten, einen Nordost(NO)-Knoten, einen Südwest(SW)-Knoten und einen Südost(SO)-Knoten. Wenn die Untergliederung richtig durchgeführt wurde, bestehen an Tag 2 keine Schwierigkeiten beim Aufteilen des Südwestknotens in 3 getrennte Knoten einen Westküstenknoten, einen Mountain-States-Knoten und einen Central-South-Knoten. Bei korrekter Ausführung der Untergliederung gibt es nach der Aufspaltung keine Störung beim vorhandenen Code.

Kodieren/Dekodieren von Daten

Ein Datenbankentwurfsverfahren, das Beachtung verdient, ist das Kodieren/Dekodieren von Daten. Ein einfaches Beispiel für Kodieren/Dekodieren ist „W" für weiblich und „M" für männlich. Andere Beispiele sind „CO" für Colorado, „NY" für New York, „CA" für Kalifornien usw. Richtig eingesetzt kann das Kodieren Platz und E/As sparen. Falsch eingesetzt, kann Kodieren Komplikationen verursachen und zusätzliche E/As erfordern.

Solange das Kodierschema klar und einfach zu implementieren ist, ist das Kodieren normalerweise sinnvoll. Ist es aber komplex und seine Wartung schwierig oder erfordert ständiger Dialog zwischen verschlüsseltem und entschlüsseltem Wert viele E/As, so kann man nicht von einem vernünftigen Verfahren sprechen. Beim Kodieren/Dekodieren in der Client/Server-Umgebung muß besonders darauf geachtet werden, daß die entschlüsselten Werte über die Knoten konsistent gehalten werden. Genau wie bei Programmen und Metadaten müssen codierte Werte mit einer Zeitmarke an jedem Knoten und an der Quelle versehen

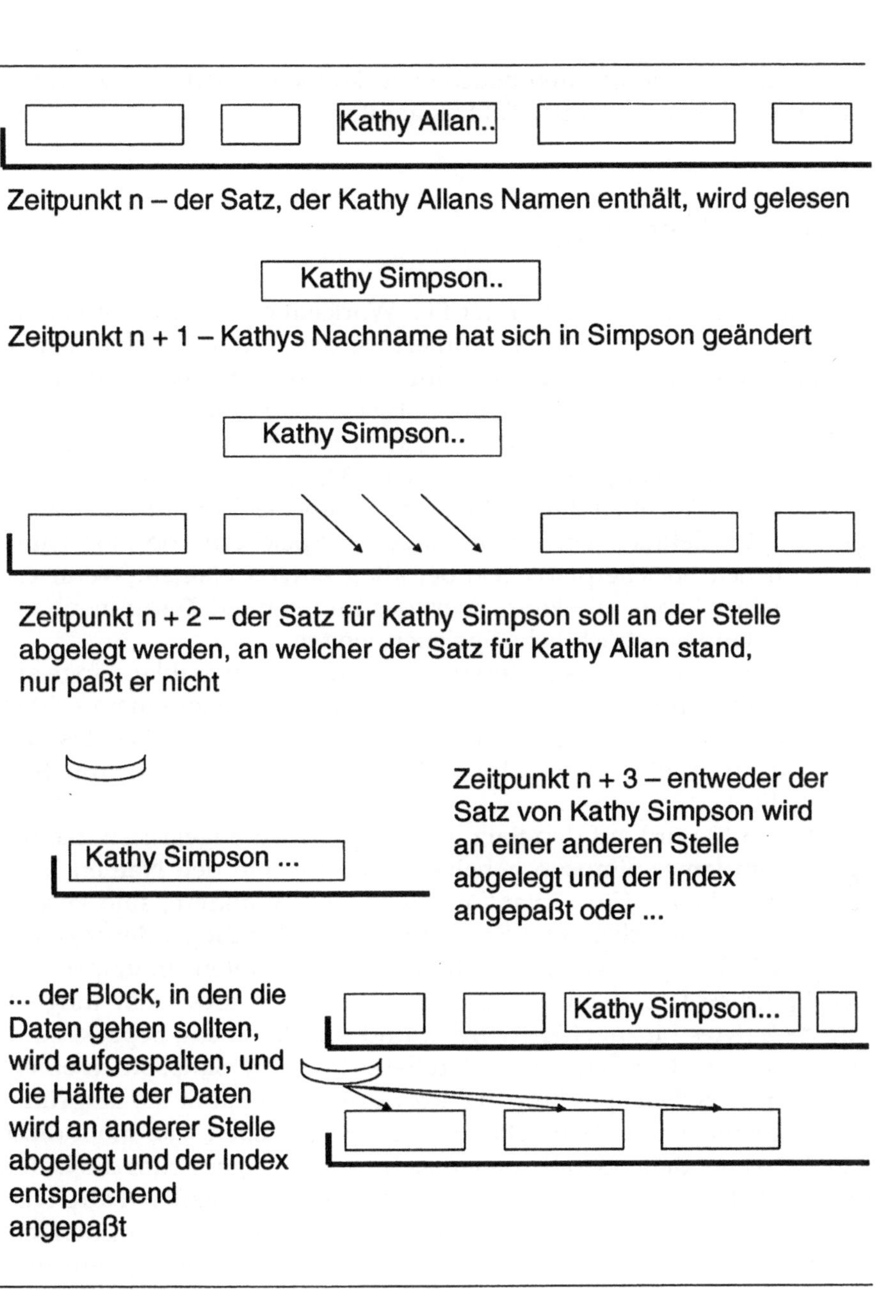

Abb. 8.12 Speicherverwaltung und Aktualisierung.

133

werden, um Schwierigkeiten beheben zu können, wenn die entschlüsselten Werte beginnen, außer Takt zu geraten.

Daten variabler Länge

Bei den meisten DBMS, die in der PC/Workstation-Umgebung laufen, können Daten variabler Länge definiert werden. Daten variabler Länge ermöglichen es, verschieden lange Inhalte eines Datenfeldes zu verarbeiten. Wir nehmen z.B. an, daß ein Entwickler für eine Mitarbeiter-Datei das Feld NAME spezifiziert hat. Ein Vorkommen von Name lautet „Joe Lam", das beansprucht sieben Bytes. Der Name „Stanislav Wiorkowsky" verbraucht 20 Bytes. Wenn das Namensfeld mit fester Länge von 20 Bytes definiert wird, vergeudet das Speichern von „Joe Lam" beträchtlichen Speicherplatz, wie bei allen kurzen Namen. Wenn ein Feld variabler Länge sein kann, spart das im richtigen Zusammenhang unter Umständen beträchtliche Speichermengen.

Es besteht jedoch eine Schwierigkeit, wenn Daten variabler Länge aktualisiert werden können. Dies führt möglicherweise zu einem echten Speicherplatzverwaltungsproblem. Nehmen wir z.B. an, daß das Namensfeld für „Kathy Allan" aktualisiert werden soll, wie in Abb. 8.12 dargestellt.

In Abb. 8.12 wird auf den Satz von Kathy Allen zugegriffen. Sie hat vor kurzem James Simpson geheiratet und möchte den Namen ihres Mannes annehmen. Um „Allan" in „Simpson" zu ändern, sind zusätzlich 2 Bytes erforderlich. Der Programmierer führt die Änderungen in aller Unschuld durch. Wenn jedoch die variablen Daten am ursprünglichen Speicherplatz abgelegt werden sollen, wird dies nicht möglich sein, da 2 Bytes hinzugefügt wurden und die Daten eng gepackt sind. Es besteht jetzt die Möglichkeit, den Satz für Kathy Simpson an einem anderen physischen Speicherplatz abzulegen (und damit die ursprüngliche Datenfolge zu unterbrechen und zu verursachen, daß die Indizes aktualisiert werden müssen, die auf Kathys Satz zeigen) oder die Daten im Block aufzuspalten, um Platz für Kathys Satz zu schaffen. Durch das Aufspalten des Datenblocks wird ein neuer Block mit ausreichendem Speicherplatz gesucht, und für alle Blöcke, die verschoben wurden, müssen die Indizes an ihre neue Position angepaßt werden. Kein Wun-

Teil-Nr.
Beschr.
Einheitsmaß
Menge

Teil-Nr. Teil-Komponente	Teil-Nr. Übergeordnete Komponente	Teil-Nr. Ersatzteil

Abb. 8.13 Vier Tabellen, die den allgemeinen Datenbankentwurf für eine rekursive Struktur darstellen.

der, daß Daten variabler Länge, wenn man ihre Aktualisierung zuläßt, zu einem Leistungsalptraum werden können.

Ein anderes Entwurfsproblem bei Daten variabler Länge ist die Anordnung von Feldern mit variabler Länge in einem Satz. Als Regel sollten Felder variabler Länge am Ende des Satzes, Felder fester Länge am Anfang des Satzes stehen. Der Grund hierfür ist, daß die Grenzen der Felder fester Länge unabhängig von der Länge variabler Felder bestimmt werden können. Wenn Daten fester Länge hinter variablen Daten plaziert werden, ist Unabhängigkeit von der Feldposition nicht möglich.

Eingebettete Schlüsselinformation

Die Auswahl der Schlüsselstruktur ist sehr wichtig. Als Faustregel gilt, daß die Schlüsselstruktur nicht von den Daten abhängig sein sollte. Mit anderen Worten: es sollte wenig oder keine Informationen über Datenattribute im Schlüssel enthalten sein. Wenn der Datenbankentwickler zuläßt, daß eingebettete Information in den Schlüssel einfließt, dann wird der Code, der auf die Schlüssel zugreift, sehr eng an die Daten gebunden. Dadurch erhöht sich aber die Komplexität der Entwicklung und der Wartung.

Rekursion

Da dieses Thema sehr komplex ist, sollen hier nur die wichtigsten Punkte angesprochen werden. Der Leser sei darauf hingewiesen, daß eine wesentlich detaillierte Behandlung der Rekursion in folgendem Buch zu finden ist: DB2: Maximizing on Line Performance in the Production Environment (QED, 1988). Rekursion tritt auf, wenn ein Objekt eine Beziehung auf sich selbst hat. Eine häufig auftretende Rekursion ist die Stückliste, in der ein Teil sich auf ein anderes Teil bezieht, bis die endgültige Montagegruppe fertiggestellt ist. Rekursion muß sehr vorsichtig behandelt werden, und zwar wegen der inhärenten Komplexität. Anders als bei fast allen anderen Aspekten des Datenbankentwurfs, bei denen es viele Möglichkeiten gibt, das gewünschte Ergebnis zu erzielen, gibt es bei der Rekursion nur eine richtige Möglichkeit des Entwurfs (im allgemeinen Fall) eines Datenbankschemas, wie in Abb. 8.13 dargestellt. Dort sind vier Tabellen dargestellt: eine Grundtabelle (die Daten über Standardteile enthält), eine „Teilkomponenten"-Tabelle (welche die Beziehung eines Produktes zu seinen Bestandteilen enthält), eine Tabelle „übergeordneter Komponenten" und eine Ersatzteiltabelle.

Zusammenfassung

In diesem Kapitel wurden einige grundlegende Datenbankentwurfsthemen angesprochen:

- Basis- und abgeleitete Daten,
- Beziehungen,
- Indizierung,
- Untergliederung,
- Verwaltung Daten variabler Länge,
- eingebettete Schlüsselinformationen und
- Rekursion.

9 Programmentwurf in der Client/Server-Umgebung

Der Programmentwurf in der Client/Server-Umgebung ist dem Programmentwurf in anderen Umgebungen sehr ähnlich. Die Grundsätze guten Programmentwurfs ändern sich wenig zwischen der Client/-Server- und irgendeiner anderen Umgebung. Es gibt jedoch einige Eigenheiten, die aufgrund der Struktur der Client/Server-Umgebung auftreten. Das Folgende ist eine ausgewählte Sammlung von Programmierverfahren, von denen einige ausschließlich in der Client/-Server-Umgebung einsetzbar sind.

Programmtrennung nach Umgebung

Es ist für den Programmierer äußerst wichtig, die spezielle Umgebung zu bestimmen, in der er ein Programm für die Client/Server-Umgebung schreibt, da die Struktur, der Einsatz, die Orientierung, der Code usw. sich von Umgebung zu Umgebung ändern. Abb. 9.1 zeigt, daß es zwei Hauptmöglichkeiten gibt, wie Programme in der Client/Server-Umgebung klassifiziert werden können.

Eine wichtige Kategorie ist die des gemeinsamen Codes über alle Knoten, verglichen mit codeautonomer Verarbeitung. Das zweite wichtige Unterscheidungsmerkmal ist das der DSS-Verarbeitung gegenüber der Betriebsdatenverarbeitung. Zusammen bilden diese beiden Kategorien eine Matrix, die in Abb. 9.1 wiedergegeben wird.

Jede Alternative der Matrix besitzt seine eigene eindeutige Charakteristik. In dem „gemeinsamer Code/betrieblich"-Feld sind Programme wiederholbar. In dieser Umgebung erzielt die Client/Server-Umgebung den besten Wirkungsgrad. Dasselbe Programm läuft immer wieder, aber mit unterschiedlichen Daten. Die Anforderungen für die Verarbeitung an diesem Knoten sind bekannt und wurden von allen Knoten zusammengetragen. Für Programme, die in diese Kategorie fallen, ist genaue Dokumentation sowie strenge Buchführung, wann die Programme geladen und ausgeführt werden, erforderlich. Der Code, der geschrieben wird, ist unabhängig davon, an welchem Knoten das Programm ausgeführt wird. Die Leistungsfähigkeit des Programms in dieser Kategorie ist kritisch. Schlechte Leistung wird zu einem Problem des Systems. Die Programme dieser Kategorie arbeiten fast ausschließlich mit aktuellen Daten. Ein hoher Grad an Standardisierung über alle Knoten (nicht überraschend!) wird benötigt. Der Code, der erzeugt wird, muß genau dokumentiert werden.

	gemeinsamer Code für alle Knoten	knotenautonom
Betriebsdaten	– wiederholbar – knoteninsensitiv – leistungsorientiert – unterstützt aktuelle Daten – anforderungsgesteuert – bindende Dokumentation – Standards für alle Knoten	– wiederholbar – knotensensitiv – leistungsorientiert – unterstützt aktuelle und knotenresidente Daten – knotenbezogen anwendungsgesteuert – bindende Dokumentation – Standards nur innerhalb des Knotens
DSS	– nicht wiederholbar – knoteninsensitiv – nicht leistungsorientiert – unterstützt zeitabhängige Daten – datengesteuert; Anforderungen nicht bekannt – bindende Dokumentation – Standards für alle Knoten	– nicht wiederholbar – knotensensitiv – nicht leistungsorientiert – unterstützt knotenresidente, zeitabhängige Daten – durch knotenresidente Daten gesteuert; Anforderungen unbekannt – lose Dokumentation – nur sehr wenig Standards

Abb. 9.1 Unterschiedliche Eigenschaften der Knoten bei verschiedenen Klassifikationen der Client/Server-Verarbeitung.

Die Alternative, die durch allgemeinen Code für DSS-Verarbeitung charakterisiert ist, teilt einige der Eigenschaften der Alternative für betrieblichen/gemeinsamen Code. In diesem Fall erfolgt DSS-Verarbeitung über alle Knoten, entweder, um ein analytisches Ergebnis über das Unternehmen zu erstellen, oder um Daten für ein DSS-Ablagesystem für spätere Analyse zu sammeln. Einige der hervorstechenden Eigenschaften der Programme dieser Alternative sind folgende: der Code ist normalerweise nicht wiederholbar (obwohl es einige bemerkenswerte Ausnahmen im Fall regelmäßiger Berichte und Datenauszüge für das DSS-Ablagesystem gibt). Die für diese Alternative geschriebenen Programme sind knotenunabhängig. Die konkreten Anforderungen an die Verarbeitung sind zum größten Teil unbekannt (wie es für jede DSS-Verarbeitung der Fall ist). Die Programme, die geschrieben werden, unterstützen heuristische ad-hoc-Verarbeitung. Die Dokumentation, die hier erstellt wird, ist bindend (zumindest, was die DSS-Verarbeitung betrifft).

Der nächste zu behandelnde Fall ist die knotenautonome/betriebliche Alternative. Hier tritt betriebliche Verarbeitung auf, die nur an dem Knoten anwendbar ist, an dem das Programm läuft. Wegen dieser Abhängigkeit müssen Programmiervereinbarungen, welche die Kommunikation über das Netz ermöglichen, nicht berücksichtigt werden. Zu beachten ist, daß eine spätere Verlagerung von Programmen von dieser zu anderen Alternativen schwierig werden könnte. Daten, Programmiervereinbarungen, gespeicherte Module usw. sind bei dieser Art der Verarbeitung nicht allgemein gültig für das Netz.

Die letzte Möglichkeit ist die knotenautonome/DSS Alternative. Hier findet man heuristische Verarbeitung, die nur an diesem Knoten anwendbar ist. Die Alternative ist frei in jeder Hinsicht. Die Verarbeitung ist nicht wiederholbar, da sie heuristische Analyse unterstützt. Die Programme sind knotenabhängig. Die Anforderungen an die Verarbeitung sind zu Beginn der Analyse nicht bekannt usw.

Verständnis der einzelnen Alternativen

Es ist entscheidend, daß der Programmierer versteht, für welche Alternative ein Programm geschrieben wird, da

- sich die Programmierverfahren von einer Alternative zur anderen grundlegend unterscheiden und
- allgemein ausgedrückt, ein für eine Alternative geschriebenes Programm später nicht an eine andere Möglichkeit übertragen werden kann.

Der Programmierer muß außerdem wissen, welche Übereinkünfte/Standards für die jeweilige Alternative gelten.

Beachtung der Zuordnung zu Knoten

Alle Daten, deren Ablagesystem außerhalb eines Knotens liegt, können nicht geändert werden, wie in Abb. 9.2 dargestellt. In der Darstellung können nur die Daten, die knotenresident im NW-Knoten sind, geändert werden.

Ein einfaches Codebeispiel könnte folgendermaßen aussehen:

```
IF NODERES.DATA = NODERES THEN
UPDATE DATA.
```

Mit anderen Worten: Bevor irgendwelche Daten aktualisiert werden können, müssen die Daten knotenresident sein.

Knotenabhängigkeit/-unabhängigkeit

Ein Code ist knotenabhängig, wenn er an verschiedenen Knoten auf unterschiedliche Weise abläuft. Dementsprechend ist ein Code knotenunabhängig, wenn er an allen Knoten auf dieselbe Weise abläuft. Als einfaches Beispiel für Knotenabhängigkeit/Unabhängigkeit betrachten wir folgenden Code:

```
IF NODERES.DATA = 'SW'
THEN ...
```

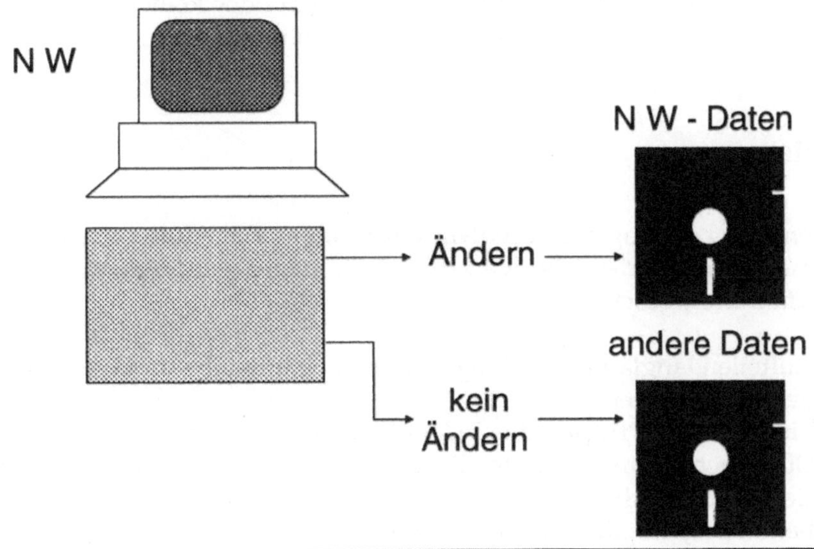

Abb. 9.2 Der NW-Knoten kann Daten ändern, die zu ihm gehören, aber keine anderen Daten, die sich zufällig im Knoten aufhalten.

wobei NODERES gleich dem Wert des Ablageknotens ist. In diesem Fall ist der Code knotenabhängig, da er auf dem SW-Knoten auf eine Weise, an jedem anderen Knoten jedoch auf andere Weise läuft. Nehmen wir nun an, der vorstehende Code wäre folgendermaßen geschrieben worden:

```
IF NODERES.DATA = NODERES
THEN ...
```

Falls es sich bei dem Knoten um den NW-Knoten handelt, ist NODE-RES = 'NW'. Handelt es sich um den SW-Knoten, ist NODERES = 'SW' usw. In diesem Fall wird der Wert der Knotenablage von einer Variablen dargestellt und ist nicht festverdrahtet. Dieses Codierverfahren ermöglicht Knotenunabhängigkeit; es ist daher ein geeignetes Codierverfahren für gemeinsamen Code im gesamten Netz.

Ein starkes Argument für die Knotenunabhängigkeit bei gemeinsamem Code ist die Möglichkeit, mit geringen oder keinen Auswirkungen auf den Code später Knoten zum Netz hinzuzufügen.

Leistung

Wenn die Leistung zum Problem wird (d.h. in der Alternative Gemeinsamer-Code/betriebliche Verarbeitung), dann werden u.a. folgende Verfahren eingesetzt:

- Aufteilen langlaufender Programme in eine Reihe von kürzer laufenden Programmen.
- Einfügen von Prüfpunkten in langlaufende Programme.
- Überwachen langlaufender Programme, um festzustellen, wie lange sie laufen, welche Betriebsmittel sie benutzen usw.
- Benutzung möglichst weniger E/As.
- Einplanung langlaufender Programme in Zeiten, in denen das Netz wenig belastet ist.
- Allgemein benutzte Unterroutinen/Module im Speicher resident halten.
- Übergabe allgemein benutzter Daten als Parameter, anstatt jedes Modul erneut auf die Daten zugreifen zu lassen.

Leistung im gesamten Netz wird als Ergebnis vieler Entwurfsfaktoren erzielt. Datenbankentwurf, einwandfreie Definition der Knotenresidenz, Erweiterbarkeit des Netzes usw. tragen ebenso wie der Programmentwurf zur Leistung bei.

Standardisierung

Die Notwendigkeit (und Möglichkeit) der Standardisierung besteht in der gesamten Client/Server-Umgebung. Die Notwendigkeit zur Standardisierung der Metadaten wurde bereits in einem früheren Kapitel behandelt. Einige (aber keineswegs alle!) Überlegungen bei der Standardisierung werden hier aufgeführt:

- Versehen gemeinsamen Codes mit einer Zeitmarkierung. Die Angabe von Tag/Uhrzeit der Installation gemeinsamen Codes wird an jedem Knoten und am Speicherplatz für Metadaten und gemeinsamen Code gespeichert. Falls dieser gemeinsame Code im Netz inkonsistent wird (im Laufe der Zeit mit hoher Wahrscheinlichkeit), ist die Verwendung von Zeitmarken unschätzbar bei der Wiederherstellung der Konsistenz der Anwendungen im Netz.
- Nichtwiederholbarkeit von Code. Jede Codeeinheit muß einmalig sein. Wenn dieselbe Codeeinheit an mehr als einer Stelle auftritt, dann muß ein gemeinsamer Modul erzeugt oder der logische Zusammenhang verändert werden, um doppelten Code zu vermeiden. (Bei diesem Verfahren handelt es sich um die sogenannte „Codenormalisierung".) Am Ende eines Tages sind alle Blöcke oder Codeeinheiten einmalig vorhanden.
- Jeder Modul stellt eine einmalig vorhandene und separate Funktion dar.

Zusammenfassung

In diesem Kapitel haben wir uns mit dem Programmentwurf für die Client/Server-Umgebung beschäftigt. Der erste Gesichtspunkt beim Programmentwurf ist richtiges Verstehen der Umgebung, für die das Programm entwickelt wird. Die Client/Server-Umgebung übt starken Einfluß auf die Art und Weise aus, wie Programme entwickelt werden.

Der zweite wichtige Gesichtspunkt beim Programmentwurf ist die Knotenabhängigkeit. Code, der an jedem Knoten in derselben Weise läuft, ist knotenunabhängig. Code, der von Knoten zu Knoten unterschiedlich läuft, ist knotenabhängig. Als Regel gilt, daß knotenunabhängiger Code vorzuziehen ist, wenn nicht etwas Gravierendes dagegen spricht.

Leistung ist ein weiterer Entwicklungsgesichtspunkt für Programme. Die Zeitdauer, die ein Programm läuft, die Zeitdauer, während der Daten gesperrt sind, die zeitliche Einplanung von Programmen usw. sind sämtlich wichtig für den Entwurf von Programmen in der Client/Server-Umgebung.

Andere Entwicklungsfragen betreffen die Standardisierung von Code, die Zeitmarkierung von Code usw.

10 Verwaltung der Client/Server-Umgebung

Schreiben ist der einzige Beruf, in dem Sie niemand für
lächerlich hält, wenn Sie kein Geld dabei verdienen.
Jules Renard

Es gibt zwei Aspekte der Client/Server-Umgebung, welche die Verwaltung noch wichtiger werden lassen als in größeren Umgebungen der Wunsch nach Autonomie an jedem Knoten (der der Notwendigkeit der Kontrolle „unternehmensweiter" Daten und gemeinsamen Codes gegenüber steht) und die Größe des Netzes, das wesentlich kleiner ist als die Großrechnerumgebung. Wegen des kleinen Umfangs der Netze in der Client/Server-Umgebung ist die Verwaltung im Verhältnis größer als der Verwaltungsaufwand in größeren Umgebungen. Die Verwaltung ist folglich äußerst wichtig für den Erfolg der Client/Server-Umgebung. Es gibt zwei Hauptkomponenten, die verwaltet werden müssen: das Netz selbst und die Metadaten mit gemeinsamem Code, der die „Unternehmens"-Aspekte der Client/Server-Umgebung unterstützt.

Netzverwaltung

Die Netzverwaltung umfaßt die folgenden Aufgaben:

- Hinzufügen neuer Knoten,
- Ein- und Abschalten des Netzes, Unterstützung der Sicherung, Problemlösung bei auftretenden Fehlern,
- Überwachung des Verkehrs, Krisenherde, Warteschlangen usw.,
- Kapazitätsplanung und
- Schnittstellen mit anderen Netzen; Schnittstellen mit der Großrechnerumgebung.

„Unternehmens"-Metadaten, Verwaltung gemeinsamen Codes

Die zweite Aufgabe der Systemverwaltung betrifft die „Unternehmens"-Aspekte der Client/Server-Umgebung einschließlich Metadaten und gemeinsamem Code. Dieser Aspekt der Verwaltung ist wesentlich komplexer als die Netzverwaltung, da er

- ein breites Publikum im gesamten Netz betrifft – Entwickler, Benutzer, Operator, Manager usw. und
- ein Großteil der Verwaltung von „Unternehmens"-Aspekten im Widerstreit steht mit Autonomiebestrebungen bei der Verarbeitung an jedem der Knoten, was vor allem eine der treibenden Kräfte für Client/Server-Verarbeitung ist.

Die beiden zu verwaltenden Standardkomponenten werden in Abb. 10.1 dargestellt.

Die Informationsarten, die in einer Unternehmens-„Bibliothek" gehalten werden, sind Metadaten und gemeinsamer Code. Metadaten umfassen:

- die Datenstruktur einschließlich Attributen, Schlüssel, physische Eigenschaften, Struktur der Attribute und die Beziehungen zwischen Datengruppen;
- den Zeitpunkt, ab dem jede Datenstruktur mit echten Daten versehen wurde;
- das höhere Datenmodell, aus dem Unternehmensdaten abgeleitet wurden;
- Identifikation des DSS-Ablagesystems und
- Identifikation der Quellen des DSS-Ablagesystems (mit anderen Worten: welche Datenmodifikationen wurden vorgenommen, um die Daten des DSS-Ablagesystems zu gewinnen).

Es ist nicht nur wichtig, den aktuellen Status der Metadaten festzuhalten, sondern auch deren Veränderungen. Abb. 10.2 zeigt, daß am 15. April die „Unternehmens"-Definition des Datenlayouts geändert wird. Wenn wir wissen, welche Änderungen im Laufe der Zeit vorgenom-

Abb. 10.1 Die Standardkomponenten, die in der Client/Server-Umgebung verwaltet werden müssen.

men wurden und wann, kann dies ebenso wichtig sein, wie darüber Buch zu führen, was in jedem Augenblick gültig ist.

Zusätzlich zu den klassischen Metadaten sollten noch die Kodierung und Dekodierung und die Benutzung gemeinsamer Tabellen verwaltet werden. Abb. 10.3 zeigt, daß die kodierten Werte der Marketing-Distrikte per 20. 8. geändert wurden.

Beide Werte, davor und danach, müssen aufbewahrt werden. Die „Nach"-Werte werden aktiv benutzt. Die „Davor"-Werte werden archiviert, so daß eine künftige Analyse archivierter Daten möglich ist. Das Archivieren von veränderten Werten ist somit eine weitere Aufgabe für die „Unternehmens"-Client/Server-Verwaltung.

Neben den Meta-Daten ist die zweite größere Aufgabe die Verwaltung des gemeinsamen Codes. Gemeinsamer Code ist Code, der sich über mehrere Knoten verteilt. Im Laufe der Zeit werden vorhandene Programme gewartet, wird neuer Code hinzugefügt, und es werden alte Programme gelöscht. Es ist Aufgabe der Verwaltung, sicherzustellen, daß es nur einen (offiziellen) Satz von Programmen gibt, der zu jedem bestimmten Zeitpunkt gültig ist, und dafür zu sorgen, daß Änderungen am Code gleichmäßig über die Knoten vorgenommen werden. Zusätzlich ist es Aufgabe der Verwaltung, die Knoten im Netz wieder konsistent zu machen, wenn sie außer Takt geraten sind.

Eine weitere Aufgabe der Systemverwaltung ist die Unterstützung der Entwicklung (d.h. Entwicklung für die „Unternehmens"-Umge-

```
01 teilnr                          01 teilnr
   02 teilnummer   char(25),          02 teilnummer   char(25),
   02 beschr       char(25),          02 beschr       char(25),
   02 einhmass     pic'999',          02 einhmass     pic'999',
   02 vorrat       pic'99999',        02 vorrat       pic'99999',
   02 zustanal     char(3).           02 zustanal     char(3),
                                      02 analtelef    char(7).

   Datenlayout am 23. März         Datenlayout am 15. April
```

Abb. 10.2 Buchführung über Änderungen bei den Metadaten.

bung). Das Ziel der Verwaltung ist hier, darauf zu achten, daß die Bausteine des Systems richtig benutzt werden. Dies bedeutet:

- sicherstellen, daß bereits vorhandene Daten nicht neu erstellt werden,
- sicherstellen, daß bereits vorhandener Code nicht neu erstellt wird und
- sicherstellen, daß die laufende Entwicklung sich damit beschäftigt, was benötigt wird, um die zukünftige Entwicklung vorzubereiten.

Ein weiterer Aspekt der Aufgabe der Systemverwaltung ist das Testen. Der Verwalter ist zwar nicht für das Testen an sich zuständig; er ist jedoch dafür verantwortlich sicherzustellen, daß Daten und Programme in die Produktion gehen und als getestet „offiziell" eingesetzt werden.

Noch eine weitere Aufgabe der Systemverwaltung ist die Überwachung. Die Arten der Überwachung umfassen

- Überwachen der Zeitmarken bei Programmen und Metadaten an jedem Knoten, um sicherzustellen, daß die richtigen Versionen benutzt werden,
- Überwachen des Datenvolumens und der Verwendung im Netz,
- Überwachen des Maschineneinsatzes und der Netzbelastung usw.

Abbildungskodierung per 15. Januar

01 – Calif, Nev, Ore, Wash
02 – Okla, Kans, Nebr, N Dak, S Dak
03 – N Mex, Ariz
04 – La, Miss, Tenn, Ala, Ga

. . . . .

. . . . .

Abbildungskodierung per 20. August

01 – Ark, Mo, Okla, Iowa
02 – Calif, Nev
03 – Kans, Nebr, N Dak, S Dak, Idaho, Montana
04 – N Mex, Ariz, Texas
05 – La, Miss, Tenn, Ala, Ga

. . . . .

. . . . .

Abb. 10.3 Am 20. August werden die Marketing-Gebiete einer Firma durch Anordnung des Managements geändert. Die Geschäftsänderungen spiegeln sich in den Kodierungs/Entschlüsselungs-Strukturen wider, welche die Programmierer benutzen.

Der Verwalter gibt das rechtzeitige Warnsignal bei auftauchenden Problemen.

Training und Schulung für das Netz und die technische Umgebung sind eine weitere Komponente der Arbeit des Verwalters. Eine seiner wichtigsten Aufgaben ist die Definition der Knotenresidenz und die Überwachung der Verarbeitung, um sicherzustellen, daß die Grenzen der Knotenresidenz nicht verletzt werden. Die Schnittstellen zu der Großrechnerumgebung und anderen Netzen sind ebenfalls Aufgabe des Systemverwalters.

Zusammenfassung

Eine der wichtigsten Komponenten des Client/Server-Netzes ist die Systemverwaltung. Zwei Knoten werden benötigt Netzverwaltung und die Verwaltung von „Unternehmens"-Aspekten der Client/Server-Umgebung. Einige Aspekte der „Unternehmens"-Verwaltung sind:

* Verwaltung von Metadaten,
* Verwaltung gemeinsamen Codes,
* Sicherstellen, daß geeignete Tests durchgeführt wurden,
* Überwachung des Systems,
* Definition der Knotenablage,
* Training, Schulung.

Anhang Client/Server-Großrechner-Verarbeitung

Ein Hauptthema der Client/Server-Umgebung ist das der Wartung des DSS-Ablagesystems, wenn Konsistenz und Ordnung der Daten gewährleistet sein soll. Dieses Thema ist besonders wichtig bei der Gewinnung von Daten aus der Großrechnerumgebung. Es werden drei Möglichkeiten aufgezeigt:

Im Fall 1 besitzt die Großrechnerumgebung kein Datenlager. In diesem Fall werden die Daten aus der Großrechnerumgebung in das DSS-Ablagesystem in der Client/Server-Umgebung gebracht und der Knoten für die Verarbeitung freigegeben.

Im Fall 2 ist ein Datenlager in der Großrechnerumgebung vorhanden. Die Daten können zur Verarbeitung an den Knoten gesandt werden, wobei es nicht erforderlich ist, zum DSS-Ablagesystem zu gehen.

Im Fall 3 ist ebenfalls ein Datenlager vorhanden. Aus Gründen, die dem Client/Server-Analytiker bekannt sind, werden zunächst Daten des Zentralspeichers benutzt, ins DSS-Ablage-System übernommen und dann zur Verarbeitung an den Knoten abgegeben.

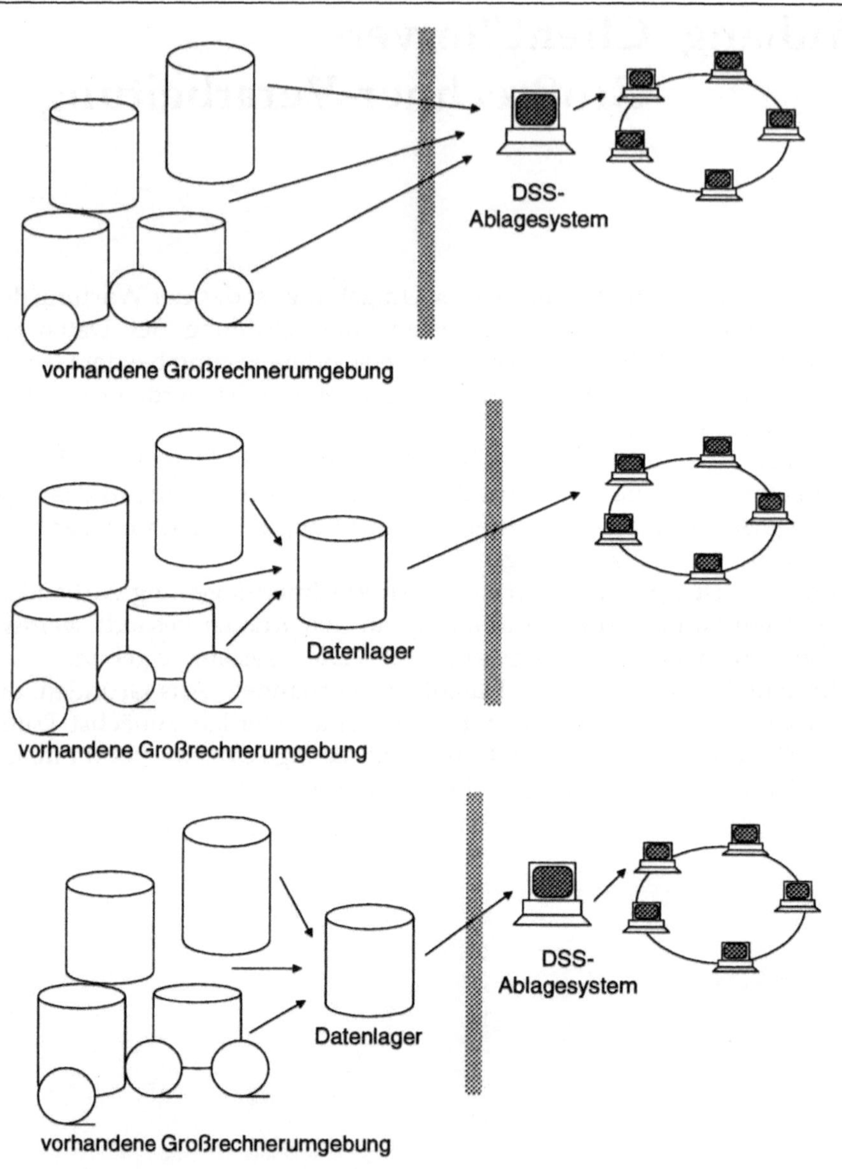

Abb. Anhang Zugriff der Client/Server-Umgebung auf Großrechner-Daten.

Client/Server-Glossar

Abfragesprache – query language
Eine Sprache, die es einem Benutzer ermöglicht, direkt auf eine Datenbank einzuwirken, um ihre Daten wiederzufinden und möglicherweise zu ändern.

Abgeleitete Daten – derived data
Daten über mehrfache Objekte oder mehrfache Ereignisse (z.B. den momentanen Durchschnittssaldo aller Kunden).

Abgeleitetes Datenelement – derived data element
Ein Datenelement, das nicht notwendigerweise gespeichert ist, das aber bei Bedarf erzeugt werden kann (z.B. das Alter, wenn Geburtsdatum und aktuelles Datum gegeben sind).

Ablagesystem – system of record
Entscheidende Stelle für die Exaktheit der Daten; per definitionem ist das Ablagesystem korrekt. Es darf nur ein Ablagesystem geben.

Adresse – address
Ein Erkennungsmerkmal (Nummer, Name, Marke) für einen Ort, an dem Daten gespeichert werden.

Adressierung – addressing
Die Möglichkeit, anhand eines Datenschlüssels Daten an Speicherstellen zuzuweisen und anschließend wiederzugewinnen.

Aktualisieren – update
Die Veränderung von Werten in allen oder ausgewählten Einträgen, Gruppen oder Datenelementen einer Datenbank; Hinzufügen oder Löschen von Datenvorkommen ihrer Beziehungen.

Algorithmus – algorithm
Eine Reihe von Anweisungen, um eine Aufgabe in einer endlichen Anzahl von Schritten zu lösen.

Anschluß – connector
Ein Symbol, das benutzt wird, um anzuzeigen, daß ein Vorkommen von Daten eine Beziehung zu anderen Vorkommen von Daten hat. Anschlüsse werden beim konzeptionellen Datenbankentwurf benutzt. Anschlüsse können hierarchisch, relational, auf invertierte Weise und von einem Netz implementiert werden.

Antwortzeit (Benutzer) – response time (user)
Die Zeit, die der Benutzer zwischen Eingabe einer Transaktion und der Rückkehr einer Antwort zu warten hat. Die Antwortzeit ist eine Funktion der Zeit auf der Übertragungsleitung, der Verarbeitungszeit und der Verarbeitungslast.

Anwendungsblockung von Daten – application blocking of data
Die Gruppierung verschiedener Instanzen desselben Datentyps durch den Anwendungsprogrammierer. Der Anwendungsprogrammierer ist zuständig für Datenanordnung, Speicherung, Löschen, Überlauf usw.

Archivdatenbank – archival database
Eine Kopie der Datenbank, die für historische, Wiederanlauf- oder Wiederherstellungszwecke gesichert wurde.

Attribut – attribute
Eine Eigenschaft, die Werte für Entitäten oder Beziehungen annehmen kann. Entitäten können mehrere Attribute zugewiesen werden (z.B. besteht ein Tupel in einer Beziehung aus Werten). Bei einigen Systemen können auch Beziehungen Attribute besitzen.

Auftraggeber – client
Der Benutzer von Daten in einer Client/Server-Umgebung.

Auftragnehmer – server
Eine Netzwerkinstanz, die Dienste zum Zugriff auf verwaltete Daten anbietet; andere Knoten können auf die Daten zugreifen, sie aber nicht aktualisieren.

Auswählen – select
Das Bestimmen einer Teilmenge gespeicherter Daten, die bestimmte Kriterien erfüllen.

B-Baum – B-tree
Eine binäre Speicherstruktur und Zugriffsverfahren zum Einsatz in einer Datenbank, die ihre Ordnung dadurch aufrechterhält, daß die Tupel ständig in zwei gleiche Teile zerlegt und Zeiger auf die entsprechenden Mengen neu eingerichtet werden, wobei gleichzeitig nicht mehr als zwei Unterebenen pro Baumknoten vorhanden sein dürfen.

B*-Baum – B* Tree
Eine bestimmte Art von Indexalgorithmus, die benutzt wird, Indizes zu erzeugen und zu speichern.

Batchverarbeitungsfenster – batch window
Die Zeit, in der das Online-System für Stapel- oder sequentielle Verarbeitung zur Verfügung steht. Das Stapelfenster ist außerhalb der Hauptverarbeitungszeit offen.

Belastung – loading
Die automatische Aufzeichnung von Daten bezüglich der Versuche, die Datenbank abzufragen, zu laden, zu erweitern oder zu aktualisieren.

Benutzer – user
Eine Person oder ein Prozeß, die Kommandos oder Nachrichten an das Informationssystem geben.

Bestücken – populate
Ablegen von Datenwerten in einer vorher leeren Datenbank.

Betriebsdaten – operational data
Daten, die den tagtäglichen Betrieb einer Organisation unterstützen – gewöhnlich auf detaillierter Ebene.

Betriebssystem – operating system
Software, die einen Computer befähigt, seinen eigenen Betrieb zu überwachen, automatisch Programme, Routinen, Sprachen und Daten aufzurufen, wie sie für den stetigen Durchsatz verschiedener Auftragsarten benötigt werden.

Binden – bind
Zuweisung eines Wertes an ein Datenelement, eine Variable oder einen Parameter; Zuordnung einer Datendefinition zu einem Programm vor seiner Ausführung.

Block – block
Eine Grundeinheit der Datenstrukturierung; physische Einheit für Transport und Speicherung. Ein Block enthält einen oder mehrere Sätze; wird manchmal auch Seite genannt.

Blockaufteilung – block splitting
Eine Datenmanagementaktivität, die es ermöglicht, einen vollen Block in zwei oder mehr Blöcke zu teilen, wobei in jedem der neuen Blöcke ein Teil des Speicherplatzes leer ist.

Blocken – blocking
Die Vereinigung von zwei oder mehr physischen Sätzen, so daß sie zusammen mit einer Maschineninstruktion geschrieben oder gelesen werden können.

Codieren – code
(1) Darstellen von Daten oder eines Computerprogramms in einer Form, die von einer Datenverarbeitungsanlage angenommen werden kann.
(2) Daten so zu transformieren, daß sie von niemandem verstanden werden können, der nicht den Algorithmus zur Entschlüsselung der Daten besitzt.

DASD
Abk. für direct-access storage device = Direktzugriffsspeicher

Daten – data
Eine Aufzeichnung von Fakten, Konzepten oder Instruktionen auf einem Speichermedium zur Übertragung, Wiedergewinnung und Verarbeitung auf automatische Weise und Darstellung als Information, die von Menschen verstanden werden kann.

Datenbeschreibungssprache – data description language (DDL)
Eine Sprache zur Beschreibung der Daten (bei einiger Software zur Beschreibung der logischen, nicht der physischen Daten; bei anderer Software für beide).

Datendefinitionssprache – data definition language (DDL) (auch Datenbeschreibungssprache – data description language (DDL) genannt)
Die Sprache, die benutzt wird, um das Schema der Datenbank zu definieren und um zusätzliche Daten zu liefern, die es dem DBMS ermöglichen, die für die Verarbeitung erforderlichen internen Tabellen, Indizes, Puffer und Speicherungskriterien zu erzeugen.

Datenelement – data element
Ein Attribut einer Entität; eine eindeutig mit Namen versehene und wohldefinierte Kategorie von Daten, die aus Datenfeldern besteht und in einem Satz einer Aktivität enthalten ist.

Datengesteuerter Prozeß – data driven process
Ein Prozeß, dessen Betriebsmittelnutzung von der Struktur und dem Vorkommen der zu bearbeitenden Daten abhängt. Eine hierarchische Baumstruktur besitze z.B. im Mittel 2 Nachfolger, hat aber einen Fall mit 1000 Nachfolgern. Jeder Prozeß, der auf die Wurzel und alle Nachfolger zugreift, ist datengesteuert (d.h., in 99% der Fälle verhält er sich gutartig, nur bei 1% gibt es Unannehmlichkeiten).

Datenkatalogsystem – data dictionary system
Ein Softwarewerkzeug, das die Aufnahme, Speicherung und Verarbeitung von Metadaten wie Datendefinitionen, Beschreibungen und Beziehungen zwischen Programmen, Daten und Benutzern ermöglicht.

Datenmanipulationssprache – data manipulation language (DML)
Eine Programmiersprache, die von einem DBMS unterstützt und zum
Zugriff auf eine Datenbank benutzt wird; Sprachkonstrukte zur Ergän-
zung höherer Sprachen (z.B. COBOL) zu Zwecken der Datenbank-
manipulation.

Datenmodell – data model
(1) Die logischen Datenstrukturen, einschließlich Operationen und Einschränkungen, die von einem DBMS zur effektiven Datenbankverarbeitung bereitgestellt werden.
(2) Das zur Datendarstellung benutzte System (z.B. das ERD oder rela-
tionale Modell).

Datenverwalter – data administrator
Die Person, die Organisationsdaten verwaltet und für die Spezifikation,
Gewinnung und Pflege der Datenbankverwaltungssoftware sowie den
Entwurf, die Gültigkeitsprüfung und die Sicherheit der Dateien oder
der Datenbank verantwortlich ist.

DBMS
Abk. für database management system = Datenbankmanagementsystem.

**DBMS Sprachschnittstelle (Datenbank-Ein/Ausgabe-Modul) – DBMS
Language Interface (DB I/O Module)**
Software, die von Anwendungen aufgerufen wird, die wiederum die
Datenbank aufruft. Diese indirekte DBMS-Schnittstelle bringt verschie-
dene Vorteile mit sich, wie Durchsetzung von Normen, Stand-
ardfehlerprüfung usw.

Direkter Zugriff – direct access
Wiedergewinnung oder Speichern von Daten durch Zugriff auf ihren
absoluten Speicherplatz auf einem Datenträger. Der Zugriffsmecha-
nismus geht direkt zu den entsprechenden Daten, wie es normalerweise
bei Online-Benutzung von Daten erforderlich ist, und nicht zu vorher
wiedergewonnenen oder gespeicherten Daten.

Direktzugriffsspeicher – direct-access storage device (DASD)
Eine Datenspeichereinheit, bei der direkt und wahlfrei auf Daten zugegriffen werden kann, ohne eine serielle Datei wie ein Magnetband durchlaufen zu müssen.

Direktzugriffsspeicher – random-access storage
Ein Speicherverfahren, bei dem die Zeit, die benötigt wird, eine Information zu erlangen, unabhängig vom Speicherplatz der zuvor erlangten Information ist. Diese genaue Definition muß dadurch eingeschränkt werden, daß wir erfahrungsgemäß relativ wahlfrei meinen. Magnettrommeln sind nicht wahlfrei, verglichen mit Kernspeichern als Hauptspeicher, aber wahlfrei, wenn man sie mit dem Magnetband als Dateispeicher vergleicht.

Durchmustern – navigate
Das Durchlaufen einer Datenbank, bei dem Dinge wie Indizes und Zeiger benutzt werden, um zu einem Satz zu gelangen und einen Satz und Datenelementwerte zu untersuchen.

DSS-Daten – DSS data (decision support system)
Daten, die in frei formatierter Weise benutzt werden, um Führungsentscheidungen zu unterstützen.

Ein/Ausgabe (E/A) – I/O (input/output)
Das Verfahren, mit dem Daten auf DASD gespeichert werden. E/A wird in Millisekunden gemessen, wogegen die Computerverarbeitung in Nanosekunden gemessen wird.

elementar – atomic
Die kleinste, in einem System adressierbare Einheit.

Elementardaten – atomic level data
Archivierte (zeitabhängige) Daten auf einer niedrigen Detaillierungsebene mit einer mittleren Zugriffswahrscheinlichkeit, die so gelagert sind, daß sie als Grundlage für die DSS-Verarbeitung dienen können.

Entität – entity
Person, Ort, Ereignis oder Sache, die für Benutzer auf der höchsten Abstraktionsebene von Interesse ist.

Entitätenbeziehungsdiagramm – entity-relationship diagramm (ERD)
Eine schematische Darstellung von Daten auf höchster Abstraktionsstufe.

Entkomprimierung – decompaction
Das Gegenteil von Komprimierung; in komprimierter Form gespeicherte Daten müssen bei der Verwendung entkomprimiert werden, damit sie für den Benutzer sinnvoll sind.

Entschlüsselung – decryption
Das Gegenteil von Verschlüsselung; in verschlüsselter Form gespeicherte Daten müssen bei der Verwendung entschlüsselt werden, damit sie für den Benutzer sinnvoll sind.

Exemplar – instance
Eine Komponente eines Datenbanksystems mit gemeinsamem Arbeitsspeicher wie in einem Oracle-Cluster, der unter MVS CICS läuft.

Felder variabler Länge – variable-length fields
Felder, deren Länge variieren kann, wenn sie auftreten.

Festschreiben – commit
Eine Bedingung, die aus einer Gruppe von Operatoren oder Transaktionen resultiert, wenn die Änderungen in einer Datenbank erfolgreich abgeschlossen sind und nicht mehr ungültig oder rückgängig gemacht werden können, es sei denn, durch ein späteres Sonderkommando, die gesamte Gruppe als Ganzes zu streichen.

Fremdschlüssel – foreign key
Ein Attribut, das nicht Primärschlüssel einer Relation eines relationalen Systems ist, dessen Werte aber Werte des Primärschlüssels des Tupels einer anderen Relation sind.

Format – format
Die Anordnung oder das Layout von Daten auf einem Datenträger (d.h.
Puffer) oder in einer Programmdefinition.

Gegenseitiges Sperren, Verklemmung – deadly embrace, deadlock
Das Ereignis, das auftritt, wenn Transaktion A auf Daten zugreifen
möchte, die von Transaktion B gesperrt sind, und wenn gleichzeitig
Transaktion B auf Daten zugreifen möchte, die von Transaktion A gesperrt sind. Die Verarbeitung wird solange angehalten, bis entweder A
oder B Zugriff auf die Daten erlangen.

Genauigkeit – precision
Der Grad an Unterscheidungsmöglichkeit, mit dem eine Größe bestimmt wird. Zum Beispiel unterscheidet eine dreistellige Zahl zwischen 1000 Möglichkeiten von 000 bis 999.

Gruppe – cluster
Eine Möglichkeit, Daten aus mehreren Tabellen zusammen zu speichern, aufgrund eines gemeinsamen Schlüsselwertes.

Gruppenschlüssel – cluster key
Der Schlüssel, um den herum die Gruppe aufgebaut wird.
Gültigkeitsbereich der Integration – scope of integration
Die formale natürlichsprachliche Definition der Grenzen des Systems.

Hauptbelastungszeit – peak period
Zeit (Tag, Monat usw), zu welcher das System das größte Transak-
tionsvolumen oder die größte Aktivität erfährt.

Heuristik – heuristics
Ein Verfahren zur Erzielung einer Lösung durch logische Schluß-
folgerung oder Probierverfahren, das bei der Bewertung des Fort-
schritts in Richtung auf ein annehmbares Ziel Näherungsverfahren benutzt.

Index – index
Der Teil der Speicherungsstruktur, der geführt wird, um effizienten Zugriff auf einen Satz zu ermöglichen, wenn der Wert des Indexschlüssels
bekannt ist.

Interaktiv – interactive
Ein Verarbeitungsmodus, der einige Aspekte der Online-Verarbeitung mit einigen Aspekten der Stapelverarbeitung kombiniert. Bei interaktiver Verarbeitung kann der Benutzer direkt auf die Daten einwirken, über die er die ausschließliche Kontrolle hat. Zusätzlich kann der Benutzer veranlassen, daß die Daten sequentiellen Aktivitäten unterliegen.

Knoten – node
Ein PC oder eine Workstation, die an ein Netz angeschlossen ist.

Knotenresidenz – node residency
Die Abgrenzung dessen, was zu einem Knoten gehört und was nicht, gewöhnlich mit gegenseitigem Ausschluß. Ein Knoten kann Daten aktualisieren, die an ihm abgelegt sind, und darf Daten, die nicht an ihm abgelegt sind, nicht aktualisieren.

Komprimierung – compaction
Ein Verfahren zur Verringerung der zum Speichern benötigten Bits, ohne Informationsgehalt zu zerstören.

Laden – load
Datenwerte in eine Datenbank einfügen, die vorher leer war.

Leitung – line
Die Hardware, durch die Daten von oder zu dem Prozessor fließen; typische Leitungen gehen zu Terminals, Druckern, anderen Prozessoren usw.

Löschdatum – purge date
Das Datum an oder ab dem ein Speicherbereich überschrieben werden kann. Wenn es zusammen mit einem Dateikennsatz verwendet wird, bietet es ein Mittel zum Schutz von Daten in einer Datei bis ein verabredetes Freigabedatum erreicht ist.

Magnetband – magnetic tape
Das am engsten mit sequentieller Verarbeitung verbundene Speichermedium; ein langes Band, auf dem magnetische Codes aufgezeichnet und von ihm wiedergewonnen werden.

Maximale Transaktionsankunftsrate – MTAR (maximum transaction arrival rate)
Der Spitzenwert, mit dem Transaktionen zur Datenbankverarbeitung eintreffen.

Nachricht – message
Die Dateneingabe durch den Benutzer in der Online-Umgebung, die benutzt wird, um eine Transaktion zu steuern, oder die Daten, die als Ergebnis der Ausführung einer Transaktion ausgegeben werden.

Natürliches Zusammenfügen – natural join
Ein Zusammenfügen, bei dem die durch das Zusammenfügen erzeugten redundanten Tupelkomponenten entfernt werden.

Netz – network
Eine Sammlung von Knoten, die miteinander kommunizieren.
Neunerkomplement – nine's complement
Transformation eines numerischen Feldes, die so berechnet wird, daß sein Wert von einem längeren oder gleich großen Feld subtrahiert wird, in dem jede Stelle mit Neunen besetzt ist.

Normalformen – normal forms
   – erste Normalform – first normal form
   Daten, die in zweidimensionalen flachen Dateien ohne Wiederholungsgruppen organisiert sind.
   – zweite Normalform – second normal form
   Daten, die funktionell vom gesamten Schlüsselkandidaten abhängen.
   – dritte Normalform – third normal form
   Daten, bei denen alle transitiven Abhängigkeiten von anderen Datenelementen außer dem Schlüsselkandidaten beseitigt wurden.
   – vierte Normalform – fourth normal form
   Daten, deren Schlüsselkandidat in Bezug zu allen Datenelementen des Satzes steht und der nicht mehr als eine nichttriviale, mehrwertige Abhängigkeit vom Schlüsselkandidaten enthält.

Normalisieren – normalize
Das Zerlegen komplexer Datenstrukturen in Strukturen in Normalform.

Null – null

Ein Element oder Satz, für den im Augenblick kein Wert existiert oder jemals existieren wird.

Numerisch – numeric

Eine Darstellung, die nur Zahlen und den Dezimalpunkt benutzt.

Online-Speicher – on-line storage

Speichergeräte, die unter direkter Kontrolle eines Computersystems stehen, die nicht offline oder in einer Datenträgerbibliothek sind.

Operating – operations

Die Organisationseinheit, die für den ordnungsgemäßen Ablauf der Computerumgebung verantwortlich ist.

Parallelabfragespeicher – parallel-search storage

Ein Speichergerät, bei dem ein oder mehrere Teile aller Speicheradressen gleichzeitig auf bestimmte Bedingungen abgefragt werden.

Parallele Datenorganisationen – parallel data organizations

Organisationen, die ermöglichen, daß Mehrfachzugriffsarme gleichzeitig Daten suchen, lesen oder schreiben.

Parallele E/A – parallel I/O

Wenn in einer Nicht-Großrechner-Umgebung mehr als ein Prozessor E/A durchführt, nennt man dies parallele E/A.

Parameter – parameter

Ein Grunddatenelement oder ein Datenarray, das den Datentyp seines Wertes spezifiziert und den/die Wert(e) der entsprechenden Argumente im Aufruf einer Prozedur annimmt oder liefert.

PC – pc

Personal Computer

Pfadkontrolle – audit trail

Daten, die zur Verfügung stehen, um bestimmte Aktivitäten zu verfolgen; wird normalerweise für Datenbanktransaktionen oder Terminalaktivitäten eingesetzt.

Platte – disk
Direktzugriffsspeicher; DASD.

Positionsanzeiger – cursor
Ein Anzeiger, der eine aktuelle Position bezüglich der Reihenfolge der Zeilen einer Tabelle angibt, und der für die Dauer einer Zugriffssitzung installiert wird.

Primärschlüssel – primary key
Ein Schlüssel, der benutzt wird, um einen Satz (oder eine andere Datengruppierung) eindeutig zu identifizieren.

Projektion – projection
Eine Operation, die eine Relation als Operanden übernimmt und eine zweite Relation zurückgibt, die nur aus den ausgewählten Attributspalten besteht, wobei doppelte Spalten eliminiert sind.

Prozessor – processor
Die Hardware im Mittelpunkt der Verarbeitung; Prozessoren werden in drei Kategorien eingeteilt: Großrechner, Minicomputer und Mikrocomputer.

Prozessorzyklus – processor cycle
Der interne Hardwarezyklus, der viele Funktionen durchführt, die einen Computer steuern, wie Initialisieren der E/A, Durchführen der Logik, Verschieben von Daten und Durchführen arithmetischer Funktionen.

Prüfpunkt – checkpoint
Ein gekennzeichneter Schnappschuß der Datenbank oder der Kommunikationspuffer an einer Stelle, an der die Übertragung eingefroren oder nicht aktiv ist.

Prüfpunktwiederanlauf – checkpoint restart
Die Möglichkeit, ein Programm an einer vom Beginn unterschiedlichen Stelle wiederanlaufen zu lassen, die eingesetzt wird, nachdem ein Fehler oder eine Unterbrechung aufgetreten ist. In einem Anwendungsprogramm können n Prüfpunkte in bestimmten Intervallen eingesetzt werden. An diesen Stellen werden Aufzeichnungen vorgenommen, die

genügend Informationen über den Status des Programms enthalten, um
es an dieser Stelle wiederanlaufen lassen zu können.

Pseudonym – alias
Eine alternative Marke, die benutzt wird, um sich auf ein Datenelement
zu beziehen.

Puffer – buffer
Ein Speicherbereich, der Daten vorübergehend aufnimmt, während die
Daten empfangen, übertragen, gelesen oder geschrieben werden. Er
wird häufig benutzt, um den Unterschied in der Geschwindigkeit oder
dem Zeitverhalten von Geräten auszugleichen. Puffer werden in Terminals, peripheren Geräten, Speichereinheiten und in der Zentraleinheit
benutzt.

Rekursion – recursion
Die Definition von etwas in Form von sich selbst. Zum Beispiel wird eine Stückliste gewöhnlich in Form von sich selbst definiert.

Relationales Modell – relational model
Ein Datenmodell, das es ermöglicht, die Beziehungen zwischen Datenelementen durch mathematische Relationen auszudrücken. Die Relation ist eine Tabelle von Daten, welche die Vorkommen der Beziehung
als Zeilen (d.h. Tupel) darstellen.

Relationenalgebra – relational algebra
Eine Sprache, die eine Reihe Boolescher und anderer Operatoren zur
Manipulation von Relationen zur Verfügung stellt.

Relationenkalkül – relational calculus
Eine Sprache, welche die gewünschten Ergebnisse einer relationalen
Datenbank-Manipulation unter Verwendung von Prädikatenkalkül er-
ster Stufe beschreibt.

Reorganisation – reorganization
Der Vorgang des Ausladens von Daten (in schlecht organisiertem Zustand) und erneutem Laden (in einem wohlorganisierten Zustand). Reorganisation wird bei einigen DBMS auch durchgeführt, um die Datenbank neu aufzubauen.

Satz – set
Eine Anzahl unterschiedlicher Objekte, die ein Zugehörigkeitskriterium erfüllen. In einem Netz oder einer CODASYL-entsprechenden Datenbank ist ein Satz eine mit Namen versehene logische Beziehung zwischen Satzarten, die aus einer Eignersatzart, einer oder mehreren Komponentensatzarten und einer vorgeschriebenen Reihenfolge der Komponentensätze bestehen.

Satz – record
Ein Werteverbund von Daten oder Elementen.

Satzart – record type
Die Kategorie, zu der ein Satz gehört, und die im Satzformat des Datenbankschemas definiert ist.

Satzweise Verarbeitung – record-at-a-time processing
Verarbeitung ganzer Sätze, upel usw.

Satzweise Verarbeitung – set-at-a-time processing
Zugriff auf Daten nach Datengruppen, von denen jedes Glied ein Auswahlkriterium erfüllt.

Schlüssel – key
Ein Datenelement oder eine Kombination von Datenelementen, die benutzt werden, um einen Satz (oder eine andere Datengruppierung) zu identifizieren oder zu lokalisieren.

Schnappschuß – snapshot
Ein Datenbankauszug oder die Archivierung von Daten zu einem vorgegebenen Zeitpunkt.

Schnittmengendaten – intersection data
Daten, die zur Schnittmenge zweier oder mehrerer Entitäten oder Satztypen gehören, die aber keinerlei Bedeutung haben, wenn sie nur einer von ihnen zugeordnet werden.

Seitenresident – page-fixed
In einer virtuellen Umgebung nennt man Programme oder Daten, die
so definiert sind, daß sie nicht aus dem Hauptspeicher entfernt werden
können, seitenresident. Nur eine bestimmte Speichermenge darf seitenresident sein.

Seitenwechselanforderung – page fault
Eine Programmunterbrechung, die auftritt, wenn eine Seite, auf die zugegriffen werden soll, nicht im Hauptspeicher vorhanden ist und erst
eingelesen werden muß.

Seitenwechselverfahren – paging
Das Verfahren in virtuellen Speichersystemen, das den Speicher größer
erscheinen läßt, als er ist, indem Blöcke (Seiten) von Daten oder Programmen von externen Speichern in den Hauptspeicher übertragen
werden, wenn sie benötigt werden.

Sekundärindex – secondary index
Ein Index, der sich aus Sekundärindizes anstatt Primärindizes zusammensetzt.

Sekundärschlüssel – secondary key
(1) Ein Attribut, das nicht der Primär- oder Sortierschlüssel ist, für den
aber ein Index geführt wird.
(2) Ein Schlüssel, der einen Satz nicht eindeutig identifiziert; d.h., mehr
als ein Satz kann denselben Schlüsselwert besitzen.

Sekundärspeicher – secondary storage
Speichereinrichtung, die nicht fester Bestandteil des Computers ist, aber
direkt mit dem Computer verbunden ist und durch ihn gesteuert wird
(z.B. Platten, Magnetbänder usw.)

Server – server
Der „Eigner" von Daten (d.h., der Knoten, der Aktualisierungsrechte
besitzt) in einer Client/Server-Umgebung; hauptsächlich: Erbringer
von Diensten.

Sicherheit – security

Der Schutz, der geboten wird, um unerlaubten oder zufälligen Zugriff auf eine Datenbank oder ihre Elemente zu verhindern, wie die Aktualisierung, das Kopieren, die Beseitigung oder das Löschen der Datenbank oder das Ändern oder Ablaufen einer vorgeschriebenen Anwendung.

Sicherung – backup

Eine Vorkehrung, welche die Wiederherstellung einer Datenbank in den Zustand ermöglicht, den sie zu einem früheren Zeitpunkt hatte, Sicherung wird häufig mit einer Archivdatenbank durchgeführt – d.h., einer Momentaufnahme der Datenbank zu einem bestimmten Zeitpunkt.

Sicht – view

Eine externe Relation, die aus Attributen besteht, die aus einer oder mehreren Grundrelationen gewonnen oder abgeleitet wurden. Diese werden entsprechend der Sichtdefinition zusammengefügt und entworfen.

Sortieren – sort

Anordnen einer Datei in der Folge eines angegebenen Schlüssels.

Spalte – column

Eine vertikale Tabelle, in der Werte aus demselben Bereich ausgewählt werden. Der Name der Spalte steht im Kopf der Tabelle.

Sperre – lockup

Das Ereignis, das eintritt, wenn eine Datenbank exklusiv benutzt wird und andere Programme versuchen, auf die Datenbank zuzugreifen, aber nicht können.

SQL – SQL

Eine Sprache, die bei relationaler Verarbeitung benutzt wird.

Standard-Arbeitseinheit – standard work unit (SWU)

Die Verarbeitungsmenge durch eine Transaktion entsprechend bestimmter Grenzen (im allgemeinen in Form von E/As gemessen).

Stammdatei – master file
Ein Konzept aus der sequentiellen Verarbeitung, bei dem eine bestimmte Datei genau festgelegte Daten für ein bestimmtes System enthält.

Stapel – batch
Computerumgebung, in der Programme (gewöhnlich langlaufende, sequentiell orientierte) exklusiv auf Daten zugreifen, und in der es keine interaktive Benutzeraktivität gibt.

Stapelverarbeitung – batch environment
Eine vorwiegend sequentiell ausgerichtete Verarbeitungsart; die Eingabe wird in „Stapeln" gesammelt und von Zeit zu Zeit stapelweise verarbeitet.

Steuerungsdatenbank – control database
Eine Datenbank, die andere als die sich direkt auf die Arbeitsweise der Anwendung beziehende Daten enthält. Typische Steuerungsdatenbanken sind Terminaldatenbanken, Sicherheitsdatenbanken, Protokolldatenbanken, Tabellendatenbanken usw.

Stückliste – bill of material
Eine Liste der Materialien, die im Herstellungsprozeß benötigt werden. Die Struktur, wie die Materialien benutzt werden, kann aus der Stückliste abgeleitet werden.

Syntax – syntax
Die Regeln, welche die Struktur von Ausdrücken oder Sätzen in einer Sprache bestimmen.

Syntaxanalyse – parsing
Der Algorithmus, der Syntax in sinnvolle Maschinenbefehle übersetzt; Syntaxanalyse bestimmt die Bedeutung der in einer Datenmanipulationssprache enthaltenen Anweisungen.

Systematische Stichprobe – living sample
Eine representative Datenbank, die gewöhnlich bei sehr großen Datenbanken für analytische Arbeiten benutzt wird. Dabei werden der sehr großen Datenbank periodisch Daten entnommen, so daß die systematische Stichprobe eine Querschnitt der großen Datenbank darstellt. Dann

können statistische Untersuchungen an der systematischen Stichprobendatenbank durchgeführt werden, ohne die gesamte Datenbank zu stören.

Systemprotokoll – system log
Ein Protokoll wichtiger Systemvorfälle, wie Transaktionseinträge, Datenbankänderungen usw.

Tabelle – table
Eine Relation, die aus einer Reihe von Spalten mit einer Kopfzeile und einer Reihe von Zeilen (d.h. Tupeln) besteht. Siehe auch Relationales Modell.

Themendatenbank – subject database
(1) Eine Datenbank und ein mit ihr verbundenes System, die so entworfen wurden, daß sie geschäftliche Funktionen unterstützen und ihre Anwendungen die Daten für einen bestimmten Themenkreis verwalten.
(2) Eine Sammlung ähnlicher Daten, die für das Unternehmen wichtig sind.

Transaktion – transaction
Ein Kommando, eine Nachricht oder ein Eingabesatz, die explizit oder implizit eine Verarbeitungsaktion aufrufen (z.B. die Aktualisierung einer Datei). Eine Transaktion ist elementar bezüglich Wiederaufnahme und Übereinstimmung. Sie ist atomar, d.h., sie wird ganz oder überhaupt nicht durchgeführt.

Tupel – tuple
Eine Gruppe verbundener Felder in einer Zeile einer Relation oder eine Zeile der Relation oder Tabelle.

Überlauf – overflow
(1) Der Vorgang, wenn ein Satz (oder Segment) nicht an seiner Ursprungsadresse gespeichert werden kann, d.h., der Speicheradresse, die ihm beim Laden logisch zugewiesen wurde. Der Satz kann an einer speziellen Überlaufadresse oder der Ursprungsadresse eines anderen Satzes gespeichert werden.

(2) Der Bereich des DASD, an den Daten geschickt werden, wenn Kollisionen auftreten oder wenn Daten geschrieben werden müssen und im primären DASD kein Platz ist.

Überlaufblock – claimed block
Ein zweiter oder nachfolgender physischer Block, der bestimmt ist, Tabellendaten zu speichern, wenn der ursprünglich zugeteilte Block keinen freien Speicherplatz mehr besitzt.

Übertragungszeit – line time
Die Zeit, die für eine Transaktion benötigt wird, um entweder vom Terminal zum Prozessor oder vom Prozessor zum Terminal zu gelangen; typischerweise ist die Übertragungszeit die größte Einzelkomponente der Online-Antwortzeit.

Umcodieren – encoding
Eine Verkürzung oder Abkürzung der physischen Darstellung von Datenwerten. Zum Beispiel: männlich = M, weiblich = W.

Variable Felder – variable fields
Felder, die in einem vorgegebenen Satz auftreten können, aber nicht müssen.

Verfügbarkeit – availability
Ein Maß für die Zuverlässigkeit eines Systems, das den Bruchteil der Zeit bezeichnet, an dem das System verfügbar ist, dividiert durch die Zeit, in der das System verfügbar sein sollte.

Verketteter Index – concatenated index
Index über mehrere Spalten.

Verschlüsselung – encryption
Die Transformation von Daten mittels eines Algorithmus von einer Form in eine andere, so daß die Daten in ihrer transformierten Darstellung nicht zu erkennen sind; Verschlüsselung wird aus Sicherheitsgründen durchgeführt. Sollte eine nicht berechtigte Person auf die transformierten Daten stoßen, sind sie ohne den Transformationsalgorithmus nutzlos.

Verzeichnis – directory
Eine Tabelle, welche die Beziehungen zwischen Datenfeldern angibt,
oder eine Tabelle (Index), welche die Adressen von Daten angibt.

Wahlfreier Zugriff – random access
Das Erlangen von Daten von jedem Speicherplatz unabhängig von seiner Position bezüglich der Information, auf die vorher zugegriffen wurde. Siehe auch Direkter Zugriff.

Warteschlangenzeit – queue time
Die Zeitspanne, die eine Transaktion verbraucht, nachdem sie an den
Prozessor übertragen wurde und bevor sie in Ausführung geht; die
Warteschlangenzeit hängt von vielen Faktoren ab: der Systemlast, dem
Grad der Integrität, der Priorität der Transaktion usw. Warteschlangen-
zeit kann zum wichtigsten Faktor bei schlechter Online- Antwortzeit
werden.

Wiederaufnahme – recovery
Das Rückstellen einer Datenbank in eine ursprüngliche Position oder ei-
nen früheren Zustand, häufig nach größerem Schaden am physischen
Datenträger. Siehe auch Festschreiben.

Wiederholungsgruppe – repeating group
Eine Sammlung von Daten, die mehrmals innerhalb eines Vorkommens
eines bestimmten Satzes auftreten kann.

Workstation – workstation
Ein einzelner Computer, gewöhnlich größer als ein PC, und häufig auf
die individuellen Verarbeitungsanforderungen, wie Technik, Finanzwe-
sen, Versicherungsmathematik usw., zugeschnitten.

Zeile – row
Eine nicht leere Folge von Werten in einer Tabelle und die kleinste Dateneinheit, die in einer Tabelle gespeichert und aus ihr gelöscht werden
kann.

Zeilenidentifikation – row id
Eine Pseudospalte für jede Zeile, welche die Adresse der Zeile enthält.

Zugriff – access
Die Operation, um Daten in einer Speichereinheit zu suchen, zu lesen oder zu schreiben.

Zugriffsmuster – access pattern
Die allgemeine Reihenfolge, in der auf die Datenstruktur zugegriffen wird, d.h., von Tupel zu Tupel, von Segment zu Segment usw.

Zugriffsverfahren – access method
Ein Verfahren, das benutzt wird, um einen physischen Satz von oder zu einem Massenspeichergerät zu übertragen.

Zugriffszeit – access time
Das Zeitintervall zwischen dem Augenblick, in dem eine Befehlssteuereinheit einen Datenaufruf absendet und dem Augenblick, wenn die Daten komplett von der Gerätesteuereinheit abgeliefert sind.

Zuordnung – association
Eine Beziehung zwischen zwei Entitäten, die in einem Datenmodell dargestellt wird.

Zusammenfügen – join
Eine Operation, die aus zwei Relationen als Operanden eine neue Relation bildet, indem die Tupel verkettet werden und mit den entsprechenden Spalten übereinstimmen, wenn eine bestimmte Bedingung zwischen den beiden erfüllt ist.

Literatur

Datenkatalog – Data Dictionary

Durrel, W.: *Data Administration: A Practical Guide to Successful Data Management.* New York: McGraw-Hill, 1985.

Narayan, Rom.: *Data Dictionary: Implementation and Maintenance.* Englewood Cliffs, NJ: Prentice Hall, 1988.

Ross, R.: *Data Dictionaries and Data Administration: Concepts and Practices for Data Resource Management.* New York: McGraw-Hill, 1984.

Wertz, C.: *The Data Dictionary: Concepts and Uses.* Wellesley, MA: QED, 1987.

Datenlager – Data Warehouse

Inmon, W.H.: *Data Architecture: The Information Paradigm.* Wellesley, MA: QED, 1988.

Inmon, W.H.: *Using DB2 to Build Decision Support Systems.* Wellesley, MA: QED, 1990.

Inmon, W.H.: *Using Oracle to Build Decision Support Systems.* Wellesley, MA: QED, 1990.

Inmon, W.H.: *Third Wave Processing: DSS Processing on Database Machines.* Wellesley, MA: QED, 1991.

Welch, J.D.: *Providing Customized Decision Support Capabilities: Defining Architectures.* New York: Auerbach, 1990.

Welch, J.D.: *Providing Customized Decision Support Capabilities: Implementation and Evaluation.* New York: Auerbach, 1990.

Entwurfsüberprüfung – Design Review

Inmon, W.H. and L.J. Friedman.: *Design Review Methodology for a Database Environment.* Englewood Cliffs, NJ: Prentice Hall, 1982.

Inmon, W.H.: *DB2 Design Review Guidelines.* Wellesley, MA: QED, 1988.

Inmon, W.H. *Oracle Design Review Guidelines.* Wellesley, MA: QED, 1989.

Perry, W.: *Effective Methods of EDP Quality Assurance.* Wellesley, MA: QED, 1989.

Netze – Networks

Growchow, J.: *SAA: A Guide to Implementing IBM's Systems Application Architecture.* Englewood Cliffs, NJ: Prentice Hall, 1990.

Hancock, B.: *Designing and Implementing Ethernet Networks. Wellesley, MA: QED, 1987.*

Hancock, B.: *Network Concepts and Architectures.* Wellesley, MA: QED, 1988.

Joomis, M.: "Aspects of Database Design in a Distributed Network." *Data Communications* (May 1980).

Martin, James and K. Chapman.: *SNA IBM's Networking Solution.* Englewood Cliffs, NJ: Prentice Hall, 1987.

Physischer Datenbankentwurf – Physical Database Design

Inmon, W.H.: *Dynamics of Database.* Englewood Cliffs, NJ: Prentice Hall, 1986.

Inmon, W.H.: *Maximizing Performance in the DB2 Production Environment.* Wellesley, MA: QED, 1988.

Planung – Planning

Chen, P.: *The Entity-Relationship Approach to Logical Database Design.* Wellesley, MA: QED, 1982.

IBM Corporation.: *Business Systems Planning.* White Plains, NY: IBM Corporation, 1978.

Inmon, W.H.: *Technomics: The Economics of Technology.* Homewood, IL: Dow Jones-Irwin, 1986.

Inmon, W.H.: *Information Engineering for the Practitioner.* New York: Yourdon Press, 1987.

Martin, J. and C. Finklestein.: *Information Engineering.* 2 New Street, Carnforth, Lancashire, England: Savant Institute, 1982.

Martin, J.: *Strategic Data Planning Methodologies.* Englewood Cliffs, NJ: Prentice Hall, 1982.

Parker, M., R. Benson, and E. Trainor.: *Information Economics: Linking Business Performance to Information Technology.* Englewood Cliffs, NJ: Prentice Hall, 1988.

Parker, M. and R. Benson.: *Information Strategy and Economics: Linking Information Strategy to Business Performance.* Englewood Cliffs, NJ: Prentice Hall, 1989.

Yourdon, E.: *Nations at Risk.* New York: Yourdon Press, 1986.

Systemanalyse – Systems Analysis

Demarco, T.: *Structured Analysis and Systems Specifications.* New York: Yourdon Press, 1979.

Dickinson, B.: *Developing Structured Systems: A Methodology Using Structured Techniques.* New York: Yourdon Press, 1980.

Orr, Ken: *Structured Systems Development*. New York: Yourdon Press, 1978.

McMenamin, S. and J. Palmer.: *Essential Systems Analysis*. New York: Yourdon Press, 1984.

Yourdon, E.: *Managing the Systems Development Life Cycle*. New York: Yourdon Press, 1980.

Yourdon, E.: *Design of Online Computer Systems*. New York: Yourdon Press, 1982.

Yourdon, E.: *Classics in Software Engineering*. New York: Yourdon Press, 1983.

Testen – Testing

Hetzel, B.: *The Complete Guide to Software Testing*. Wellesley, MA: QED, 1989.

Perry, W.: *A Structured Approach to Systems Testing*. Wellesley, MA: QED, 1990.

Index